Der Mann der letzten Instanz

oder die Klienten von Randolph Mason

Melville Davisson Post

Writat

Diese Ausgabe erschien im Jahr 2023

ISBN: 9789359253435

Herausgegeben von
Writat
E-Mail: info@writat.com

Inhalt

VORWORT

In dieser *Fin-de- siècle-* Zeit ist die Gesellschaft liberal geworden, heißt es, und doch kann sich derjenige glücklich schätzen, der unter weisen Sitten einen Hebel umlegt oder auf die Laster längst etablierter Institutionen hinweist, wenn es ihm gestattet wird sich eher gegen den Duellanten als gegen den Mob auszuziehen . Selbst wenn jemand neu in die Höfe der *Literaten kommt* und einen Umhang trägt, der in einer anderen Farbe als seine Mitmenschen gefärbt ist, wird er kaum die Tür passiert haben, als die höhnische Herausforderung erklingt: „Kämpft Ihr, Mylord?"

Der Autor hat in einem früheren Band mit dem Titel „ *Die seltsamen Machenschaften des Randolph Mason"* auf bestimmte Mängel im Strafrecht hingewiesen und gezeigt, wie der geschickte Schurke nicht wenige der höheren Verbrechen auf eine Weise begehen konnte, die das Gesetz wirkungslos machte bestrafe ihn. Der Vorschlag wurde offenbar als verblüffend empfunden und der Band hat eine große Diskussion ausgelöst. Einige Herren mit nicht unerheblicher juristischer Bildung und einige andere, die als Moralreformer einzustufen waren, behaupteten, dass das Buch gefährlich sein müsse, weil es sehr detailliert erklärte, wie man morden oder stehlen und der Strafe entgehen könne. Wenn die Gesetze verbessert würden, sagten sie, „wäre das nicht klüger, indem man Einfluss auf einige wenige politische Führer nimmt?"

Eine solche Kritik kommt zwar nicht von nennenswerter Zahl an Autoritäten, ist aber ehrlich geäußert und berechtigt zur Berücksichtigung.

Der Fehler liegt meiner Meinung nach darin, dass wir die tatsächliche Natur unserer Institutionen nicht begreifen. Es ist eine Maxime unseres Systems, dass die Gesetzgebungsbefugnis des Staates in erster Linie beim Volk des Staates liegt. Diese Befugnis wird aus Bequemlichkeitsgründen an bestimmte ausgewählte Personen delegiert, die zusammenkommen, um den Willen des Volkes in die Tat umzusetzen.

Die sogenannten Gesetzgeber sind also überhaupt keine Gesetzgeber im Sinne von Gesetzesgebern; Es handelt sich vielmehr um Agenten, die auf Weisung aus ihren jeweiligen Distrikten heraufkommen. Bei solchen Agenten handelt es sich lediglich um vorübergehende Vertreter der Bürger ihres jeweiligen Bezirks, die diesen direkt verantwortlich sind und keine andere Pflicht haben als die, ihren Willen in die Tat umzusetzen. Der Vertreter oder Delegierte sollte daher jede Angelegenheit sehr konservativ angehen, bei der der Wille seines Wahlkreises nicht zufriedenstellend festgestellt wurde. Es ist also offensichtlich, dass der Einfluss, der das Gesetz schafft oder ändert, eine von außen ausgeübte Kraft ist. Keine

Gesetzesänderung kann ordnungsgemäß und sicher herbeigeführt werden, außer durch den Druck der öffentlichen Meinung. Die Notwendigkeit des Gesetzes muss zunächst vom Volk gespürt und die Forderung danach gestellt werden, bevor der Gesetzgeber zum Handeln berechtigt ist. Andernfalls würde der Vertreter zum mutmaßlichen Usurpator werden und dem Volk Gesetze auferlegen, für die es keine öffentliche Nachfrage gebe; und solche Gesetze, die auf so unrechtmäßige Weise erlangt wurden, wären ohne die Unterstützung der öffentlichen Meinung und könnten aufgehoben werden.

Daher ist es völlig klar, dass, wenn sich das bestehende Gesetz als ungerecht oder mangelhaft erweist, das Volk dazu gebracht werden muss, diese Ungerechtigkeit oder Unzulänglichkeit zu erkennen und zu würdigen und die erforderliche Änderung zu fordern.

Dieser Behauptung kann meines Erachtens nicht widersprochen werden. Es wird mit Nachdruck darauf hingewiesen, dass in demokratischen Institutionen keine andere Methode zur Erzielung kluger Gesetzesänderungen ordnungsgemäß verfolgt werden kann. Anders zu behaupten bedeutet, die Weisheit der Demokratie selbst in Frage zu stellen, und bei einem so unbesonnenen Verfechter hat der Autor keinen Speer, den er brechen könnte. Tatsächlich gibt er diese Erklärung mit großer Abneigung ab, da er der Meinung ist, dass von ihm nicht verlangt werden sollte, eine so offensichtliche Wahrheit zu verteidigen. Es ist, als würde man ernsthaft demonstrieren, dass die Erde rund ist und dass Sonnenlicht eine Energie ist.

Dennoch wird ihm geraten, die Aufmerksamkeit auf diese Angelegenheit zu lenken, damit nicht die gedankenlosen Verurteilungen bei einer *Anhörung ausscheiden* . Tatsächlich wird der gute Bürger, selbst nachdem die Strafe von *la peine forte et dure* viele hundert Jahre lang erloschen ist, kaum jemanden für schuldig halten, der stumm bleibt, während verborgene Übel angreifen. Wenn Männer über ihre Angelegenheiten auf einer großen Brücke hin- und hergehen würden und man feststellen würde, dass bestimmte Bretter im Bodenbelag fehlerhaft waren, würde es ihm dann schaden, wenn er seine Mitmenschen darauf aufmerksam machte? Wenn Männer in den Läden arbeiteten und auf dem Markt Handel trieben und auf die Sicherheit der Stadtmauer vertrauten und man erkennen würde, dass die Mauer mit Löchern übersät war, könnte er dann stumm bleiben und dem Stigma eines Verräters entkommen? Das Gesetz macht kaum einen Unterschied im Grad der moralischen Verwerflichkeit zwischen der *Suppressio Veri* und die *Suggestion falsch* . Beides sind schwere Fehler. Die Pflicht des Einzelnen gegenüber dem Staat ist zwingend. Er kann sich dem nicht entziehen und sich weiterhin als würdiger Bürger betrachten.

Ist in all dieser Kritik nicht ein schwacher Hinweis auf die Männer zu finden, die „Rat durch Worte ohne Wissen verdunkeln"?

Lykurg lehrte das Volk die Gesetze, Solon lehrte das Volk die Gesetze. Das römische Recht sah einen letzten Appell des Konsuls an das Volk vor, und das Wesen republikanischer Institutionen liegt, wie gesagt, in der Anerkennung des Volkes als Quelle der gesetzgebenden Macht. Wenn das Gesetz nur unzureichende Sicherheit bietet und revidiert werden kann, muss das Volk belehrt werden, damit es es revidieren kann. Wenn es keine ausreichende Sicherheit bietet und nicht revidierbar ist, muss das Volk belehrt werden, damit es sich schützen kann. Diese Schlussfolgerung ist unwiderstehlich. Anders zu raten bedeutet, den Zorn dieses kurzsichtigen Botschafters zu teilen, der Perikles dazu drängte, die Tafel, auf der das Gesetz geschrieben war, umzudrehen, damit das Volk das Dekret nicht lesen könne.

Von demjenigen, der das Volk auf die Laster des Gesetzes hinweist, kann also sicherlich nicht gesagt werden, dass er Böses tut, es sei denn, das Gesetz des Landes wird von einem engen Patriziat erlassen, das wie der Areopag im antiken Athen mit verschlossenen Türen sitzt.

Der gestrige Tag, an dem die Feinde der Gesellschaft ihr Handwerk mit Jimmy und der dunklen Laterne ausübten, ist nun fast vollständig vorbei. Der Meisterschurke hat mit großer Befriedigung herausgefunden, dass er sich an der Arbeit anderer erfreuen und die Ergebnisse ihrer Arbeit beschlagnahmen und für seine Zwecke nutzen kann, ohne sich der Kontrolle von Strafgerichten zu unterwerfen.

Kluge Beamte, die sich für das Wohlergehen der Menschheit einsetzen, haben gerne niedergeschrieben, was getan werden sollte und was nicht, und haben es „Gesetz" genannt. Da der Bürger keine Zeit für Nachforschungen hatte, ging er seinem Beruf nach und ging davon aus, dass diese Vorschriften einen ausreichenden Schutz für seine Person und sein Eigentum boten. Aber das Gesetz ist eine menschliche Erfindung und daher unvollkommen, und an diesem Ende des 19. Jahrhunderts dringt der böse Geist durch und plündert den Bürger, und der Raub ist umso einfacher, weil das Opfer in einem Bewusstsein vollkommener Sicherheit schläft .

geschickte Bösewicht nutzt . Es muss jedoch berücksichtigt werden, dass es noch gigantischere und kompliziertere Methoden zur Umgehung des Gesetzes und zur Aneignung des Eigentums des Bürgers gibt. Die ungeschriebenen Aufzeichnungen geschäftlicher Unternehmungen und die Berichte von Gerichten sind voll von Aufzeichnungen riesiger Machenschaften, deren Endziel die Ausplünderung von Bürgern ist. Einige davon waren erfolgreich, andere sind gescheitert. Viele haben ihren mutigen Tätern große Reichtümer beschert, um denjenigen zu entsetzen , dem das Wohlergehen der menschlichen Gesellschaft am Herzen liegt.

Der Leser muss bedenken, dass es sich bei dem hier behandelten Recht um das Recht handelt, wie es in den Rechtsformen seines Landes gilt und in keiner Weise durch die Vorstellungskraft des Autors verändert oder beeinflusst wurde. Jede rechtliche Aussage stellt einen etablierten Grundsatz dar, der von den Gerichten letzter Instanz gründlich analysiert wird. An der wahrscheinlichen Richtigkeit dieser rechtlichen Schlussfolgerungen kann kein Zweifel bestehen. Sie sind so sicher etabliert, wie es den Entscheidungen von Gerichten möglich ist, einen Rechtsgrundsatz zu begründen.

Der Leser wird daran erinnert, dass die Pläne erfahrener Verschwörer, auf die zurückgegriffen wird, um den Geist des Gesetzes zu zerstören, größtenteils zu ausgefeilt und zu kompliziert sind, als dass sie Gegenstand einer öffentlichen Diskussion sein könnten. Ein Versuch, dem nur halb interessierten Laien Handlungsstränge dieser Art zu erklären, wäre ebenso vergeblich wie der Versuch, ein abstraktes Problem der analytischen Mechanik aufzuzeigen. Die Schurken, die gerne ihre Energie und ihre Fähigkeiten für Probleme dieser Art eingesetzt haben, sind gebildete und fähige Experten, und gegen sie kann sich der durchschnittliche Geschäftsmann nur schlecht verteidigen. Er kann jedoch gewarnt sein, und der Autor wird sein Ziel erreicht haben, wenn es ihm gelingt, die schwarze Flagge solcher Piratenschiffe zu identifizieren.

Im vorliegenden Band hielt er es für klug, weiterhin den Anwalt Randolph Mason als seine zentrale Figur zu verwenden – einen ziemlich mysteriösen juristischen Misanthropen, der keinen Sinn für moralische Verpflichtung hat, aber in der Rechtswissenschaft bewandert ist, der aufgrund der seltsamen Neigung Seiner Meinung nach kümmert er sich gerne um die Schwierigkeiten seiner Klienten, als wären es bloße Probleme, die keinerlei Fragen von Recht, Billigkeit oder allgemeiner Gerechtigkeit betreffen.

Dieser emotionslose Berater wurde bereits der Öffentlichkeit vorgestellt. Er wurde als Mann Mitte vierzig beschrieben. „Groß und einigermaßen breitschultrig; muskulös, ohne dick oder schlank zu sein." Sein Haar war dünn und braun mit unregelmäßigen grauen Strähnen. Seine Stirn war breit und hoch und von einer schwachen rötlichen Farbe.

Seine Augen waren unruhig, tintenschwarz und nicht übermäßig groß. Die Nase war groß und muskulös und gebogen. Die Augenbrauen waren schwarz und schwer, fast buschig. Es gab dicke Furchen, die von der Nase nach unten und außen bis zu den Mundwinkeln verliefen. Der Mund war gerade und der Kiefer war schwer und kantig.

„Wenn man das Gesicht von Randolph Mason von oben betrachtet, ist sein Gesichtsausdruck im Ruhezustand listig und zynisch; Von unten nach oben betrachtet war es wild und rachsüchtig, fast brutal; Wenn der Fremde von vorne direkt ins Gesicht blickte, war er von der Lebhaftigkeit des Mannes fasziniert. und kam sofort zu dem Schluss, dass sein Gesichtsausdruck gleichzeitig höhnisch und furchtlos war. Er war offensichtlich südländischer Abstammung und ein Mann von ungewöhnlicher Macht."

Dieser Berater, scharfsinnig, kraftvoll und dennoch frei von jeglicher moralischer Verpflichtung, ist von der einen Idee besessen: dass die Schwierigkeiten der Menschen Probleme sind und dass er sie lösen kann; dass das Gesetz, da es menschlichen Ursprungs ist, umgangen werden kann; dass seine Diener, die nur Männer wie die anderen sind, in ihren Bemühungen um eine ordnungsgemäße Anwendung dieses Gesetzes behindert und vereitelt und verwirrt werden.

Es ist das Zeitalter des geschickten Schurken, und bei der Untersuchung seiner schelmischen Pläne ist der Autor schließlich zu der Überzeugung gelangt, dass die alte Maxime, die besagt, dass das Gesetz immer ein Heilmittel für ein Unrecht finden wird, in unserer heutigen Zeit nicht mehr gültig ist übereilte Gesetzgebung, nicht als vertrauenswürdig zu akzeptieren.

(Siehe die gelehrte Meinung von Richter Matthews im Fall Irwin vs. Williar, keine US-Berichte, 499; der Fall Waugh vs. Beck, 114 Pa. State, 422; auch Williamson vs. Baley, 78 Mo., 636; 15 B. Monroe, Ky. Reports, 138. Siehe auch in Virginia den Fall Machir vs. Moore, 2 Grat., 258.)

DIE MASCHINE DES GOUVERNEURS

ICH

Dem Gouverneur ging etwas durch den Kopf, und als dieser Zustand eintrat, folgten normalerweise interessante Ereignisse im äußersten Südwesten. Dieser höchst mystische Geisteszustand ging den Bemühungen eines Bundesgerichts voraus, ihn zu zwingen, unter einem Mandamus zu handeln, und das Ergebnis war Geschichte. Dem war ein denkwürdiger Konflikt zwischen der Legislative als Ganzes und Seiner Exzellenz, dem Gouverneur, ebenfalls als Ganzes vorausgegangen, und unmittelbar danach war ein bestimmtes Gesetz in Kraft getreten, das die Ansammlung von Staatstruppen im Umkreis von hundert Meilen um das Kapitol während der Sitzungsperiode verbot Solons des Commonwealth; aber es war ein nachträgliches Gesetz. Es war auch den launenhaften Bemühungen der sogenannten patriotischen Orden vorausgegangen, die Exekutive wegen Fehlverhaltens, Fehlverhaltens und Unterlassens anzuklagen – ein Unterfangen, das seinen Anstiftern nur eine schreckliche und unrühmliche Niederlage beschert hatte.

Der Gouverneur stand am Ostfenster seines Privatbüros und blickte auf die eintönige braune Hochebene, die sich bis zu den Ausläufern der blauen Berge erstreckte, die die äußeren Grenzen seines Zuständigkeitsbereichs markierten. Er war ein junger Mann, dieser Gouverneur, mit der festen, geraden Figur eines Soldaten und der anmutigen Haltung einer bedeutenden Abstammung. Seine Augen waren braun, und auch sein Haar und sein Van-Dyke-Bart waren braun – alles ein Hinweis darauf, sagen die Weisen, was genau der Gouverneur nicht war. Er war perfekt gepflegt. Jeden Morgen, wenn er zum State-House ging, war er das Wunder und das anspruchsvolle, makellose Idol des äußersten Südwestens.

Man hätte meinen können, dass dieser gutaussehende Kerl gerade einen schicken New Yorker Club verlassen hätte, hätte er vergessen können, dass eine solche Institution fast ein Kontinent östlich war. Der Gouverneur hatte behauptet, dass es durchaus möglich sei, wie ein Gentleman zu leben, wo auch immer die Vorsehung Chinesen und Wasser bereitgestellt habe, und dass die Sache nicht ganz hoffnungslos sei, wenn die Chinesen nicht zur Verfügung stünden, also bliebe das Wasser.

Tatsächlich hatte die Exekutive ihre Bräuche mit nicht geringem Schmerz gegen die unterschiedlichen Proteste von Göttern und Menschen aufrechterhalten, die oft im Stillen vorgebracht, aber nicht selten heftig in der Öffentlichkeit gedrängt wurden. Aber der Gouverneur war niemand, mit dem sich einmischende Leute herumschlagen und den Frieden bewahren konnten. Diese Tatsache hatten einige böse Menschen westlich des Gila zu ihrem Leid erfahren, und verschiedene böse Gesinnte bereuten es und wurden begraben, und südlich des Pecos bereuten sie es und erinnerten sich daran. So wurde diese Angelegenheit mit der Zeit als eine Besonderheit betrachtet und allgemein anerkannt, wie es mit den Eigenheiten jener flinken Geister der Fall ist, die zuerst schießen und dann erklären.

Der Gouverneur wurde aus seinen Träumereien gerissen, als sein Privatsekretär in diesem Moment aus dem Vorzimmer hereinkam.

„Gouverneur", sagte der junge Mann, „es gibt einen Streik im Big Injin ."

„Nun", antwortete der Beamte, „telegraphieren Sie den Sheriff."

„Aber", sagte der Sekretär, „der Sheriff hat uns gerade telegrafiert."

„Dann", fuhr die Exekutive fort, „senden Sie einen Kurier an Oberst Shiraf ."

„Aber Colonel Shiraf ist draußen auf der Ten Mile."

„In diesem Fall", sagte der Gouverneur, „müssen Sie zu den Minen gehen, und wenn die Würde des Commonwealth gewahrt bleiben muss, werden Sie sie wahren, Dave." Sie sollten einige Truppen auf dem Posten, einige Hirten auf der Rinderfarm und einen sehr großen Teil der Staatsgarde, inzwischen ziemlich betrunken, auf einem Pferdemarkt in Garfield County finden. Wenn sie erforderlich sind, benachrichtigen Sie mich."

Als sich der Sekretär umdrehte, um den Raum zu verlassen, rief der Gouverneur ihn zurück. „Dave, mein Junge", sagte er, „Frieden in diesem Commonwealth ist eine heilige Sache – eine überaus heilige Sache, so heilig, dass wir ihn haben werden, wenn dadurch das Wort ‚Volkszählung' zu einem bedeutungslosen Begriff wird; und denk daran, mein Junge, dass der Staat sehr schnell ist."

Der Sekretär ging hinaus und schloss die Tür hinter sich, während Seine Exzellenz Alfred Capland Randal, den Bericht vergessend, sich wieder dem Fenster zuwandte. Die Luft aus der großen braunen Ebene war trocken und heiß; Über den blauen Bergen sah die Sonne aus wie ein blutroter Fleck, und über allem brütete die eintönige, fast hoffnungslose Stille des äußersten Südwestens.

Der Gouverneur beschäftigte sich mit etwas Ernsthaftem, für das er offensichtlich keine Lösung finden konnte, und so begann er mit großen Schritten und tief in den Taschen vergrabenen Händen in seinem Privatbüro auf und ab zu gehen.

Plötzlich öffnete sich die Tür und ein Chinese kam mit einem Telegramm herein. Der Gouverneur blickte scharf auf, nahm den Umschlag und riss ihn offensichtlich unbekümmert auf. Als seine Augen über die Nachricht glitten, holte er tief Luft, setzte sich an einen Tisch und breitete das Papier vor sich aus. Dies war das Auftauchen des Unerwarteten, auf das Mr. Randal nicht ganz vorbereitet war, und dies zeigte sein Verhalten in einem solchen Ausmaß, dass der sture Himmlische sich vage fragte, was mit dem großen ausländischen Teufel los war.

„Unser Zug hält in El Paso", lautete das Telegramm, „Sie kommen doch rauf, nicht wahr ? – ML"

Der Gouverneur strich sich über seinen Van-Dyke-Bart und die feinen Linien traten in seinem Gesicht hervor. „Ausgerechnet", murmelte er. Dann wandte er sich an den Chinesen. „Bring meinen Mantel um sechs im Depot ab. Ich fahre nach El Paso und werde erst spät zurückkehren."

Der Chinese verschwand, und der Beamte zerdrückte das Telegramm in seinen Händen, steckte es in die Tasche und setzte seinen Marsch durch das Privatbüro fort.

Dieser Gouverneur war die Krönung einer Maschine. Er war der älteste Sohn einer alten Familie in Massachusetts und wuchs in einer kulturell geprägten Atmosphäre auf. Es war die Absicht seiner Familie gewesen, dass er die Nachfolge seines Vaters als Anwalt antreten sollte, aber die Pläne der Menschen sind unzähligen Gefahren ausgesetzt, und es stellte sich bald heraus, dass der junge Mr. Randal überhaupt nicht für die Pflichten geeignet war ein Rechtsanwalt. Tatsächlich wurde schon sehr früh klar, dass die Natur diesen Mann für die prekären Launen eines öffentlichen Lebens vorgesehen hatte. Er war anziehend, großzügig, hatte eine großartige Präsenz und den sorglosen, spekulativen Geist eines Spielers. In Wahrheit war Alfred Capland Randal ein Politiker *per se* . Während seines Studiums war er ein ruheloses Element gewesen und hatte die Prinzipien der praktischen Politik in alles eingebracht, was er berührte, von den Studentenverbindungen mit griechischen Buchstaben bis zu den Prüfungen in Tacitus, und das alles mit solch einer rücksichtslosen, jovialen Hingabe, mit der verschiedene weise Mitglieder der Fakultät spekulierten Es war sehr wunderlich, welche Strafanstalt sein endgültiger Wohnsitz sein würde.

Zuweilen war der ältere Randal zu diesen ernsten Sitzungen der Fakultät gerufen worden, und gleich danach hatte der strenge Anwalt aus Neuengland seinem Sohn ausführlich und mit bitteren Beschimpfungen Vorträge gehalten, die der junge Mann auf eine liebenswürdige Art und Weise beantwortete. und sofort auf ebenso liebenswürdige Weise ignoriert. So wuchs und reifte im puritanischen Herzen des Vaters die Schlussfolgerung, dass der älteste Spross seines Hauses ein völlig wertloser Sündenbock war, während der Sohn ebenso sicher war, dass sein Vater ein sehr aufrichtiger, aber völlig fehlgeleiteter alter Herr war.

Das Ergebnis dieser unterschiedlichen Meinungen war, dass sich der junge Randal an einem bestimmten Juniabend auf einer Bank im Park des Landsitzes seines Vaters niederließ, mit der ausdrücklichen Absicht, seine Karriere zu planen. Aus der Zuversicht seiner Jugend heraus entschied er sich für zwei endgültige Ergebnisse. Das eine war natürlich Reichtum, und das andere war eine aufwändige und völlig angemessene Hochzeitszeremonie mit einer gewissen Miss Marion Lanmar . Randal hatte diese junge Dame bei einem Footballspiel in Harvard und anschließend in New York kennengelernt, wo sie bei ihrer Tante, Mrs. Hester Beaufort, wohnte.

Das gigantische Selbstvertrauen der Jugend ist für die Götter sicherlich eine Frage höchster Bewunderung. Wer überhaupt mit den Dingen vertraut ist, hätte für den unvorsichtigen jungen Mann beide Ergebnisse sofort für unmöglich erklärt. Aber aus der Sicht einer überschwänglichen Jugend schien es bis auf die mögliche Verzögerung keine größeren Hindernisse zu geben , und diese war nicht sehr wesentlich, da die Welt jung war und diese Dinge in fernerer Zukunft zu finden waren.

Vorerst beschloss Randal, eine politische Maschine zu organisieren und sie in einen der abgelegenen westlichen Staaten zu transportieren. Der Osten bot kein Theater für seine Talente; es war eng organisiert; Ihre politische Maschinerie war zu stark, als dass er sich ihr entgegenstellen könnte. Er würde im ersten Gefecht vernichtet werden.

Er konnte auch nicht auf eine baldige Anerkennung hoffen, indem er sich einer der etablierten Organisationen anschloss. Diese waren voller verdienter Männer, und außerdem hatte er nicht die Absicht, als politischer Lehrling zu dienen. Er war davon überzeugt, dass er über Fähigkeiten als politischer Stratege verfügte, und er schlug vor, frei und ungehindert in einer großen, luftigen Arena zu agieren.

Nachdem er sich für einen Kurs entschieden hatte, machte sich der junge Randal sofort an die Umsetzung. Er hielt einen Kriegsrat im Plaza an der Fifth Avenue mit zwei seiner College-Kollegen, einem gestrandeten Spieler, der der Einfachheit halber „Billy the Plunger" genannt wurde, und einem alten Herrn aus Virginia namens Major Culverson ab . Der Rat tagte drei Tage lang im Geheimen, und das Ergebnis war, dass die Maschine in das Commonwealth von Idaho verlegt wurde und ihren Betrieb aufnahm. Aber die Sitten und Bräuche des Westens waren vielfältig und mystisch, und im darauffolgenden Sommer rückte die Maschine, stark erschüttert, nach Nevada vor. Hier, in Tulasco , an der Central Pacific Railroad, verließ der erste College-Mann das Land und kehrte mit der Hilfe seines Vaters voller Reue in den zivilisierten Osten zurück.

Die Maschine überquerte den Humbolt River und versuchte, die politischen Geschicke Nevadas zu bestimmen. Doch die Katastrophe folgte ihr, und nach einer aktiven und turbulenten, aber ziemlich unrentablen Laufbahn von einigen Monaten zog es südwärts, zerschlagen und geschlagen, aber unbesiegt.

In der Nacht des 3. Oktober marschierte die Maschine nach Hackberry am Südpazifik, und während die Männer schliefen, machte sich der zweite College-Mann, versteckt in einem Güterwaggon, auf den Weg zur Atlantikküste und verfluchte das alles mit grellen Worten Teil des Kontinents westlich des Mississippi.

Am nächsten Morgen hielt die Maschine ihren zweiten großen Rat ab, aber dieses Mal saß sie in verzweifelter Konklave über dem Cow-Punchers' Saloon in der Stadt Hackberry und sah sich einer Bedingung und nicht einer Theorie gegenüber. Aber drei Mitglieder blieben übrig – Randal, der kühne Culver-Sohn und Billy the Plunger.

Der Spieler war dafür, eine Faro-Bank zu gründen und die Städte entlang des Gila zu bearbeiten, aber da die Bank keine Mittel hatte und die Sterblichkeitsrate, die solche Unternehmungen in diesem primitiven Land normalerweise begleiten, enorm war, wurde sein Plan für undurchführbar gehalten, und bei vier Nachmittags hörte er auf, die Weisheit seines Plans zu betonen, und nachdem er mit großer Feierlichkeit verkündet hatte, dass er zu jeder Grenze bereit sei, die die Bande wollte, verfiel er in die Rolle eines Zuschauers.

Der Major empfahl, nach Süden nach Mexiko zu ziehen, aber da er anscheinend keine genaue Vorstellung davon hatte, was zu tun war, wenn Mexiko erreicht war, und sich schließlich herausstellte, dass der Umzug nach Süden bei Culverson nur eine Modeerscheinung war , wurde der Plan ebenfalls aufgegeben.

Der junge Randal, angefeuert von seinem unverminderten Entschluss, hielt es für klug, sich mit den politischen Geschicken Arizonas zu befassen, aber es zeigte sich, dass er über ein großes Unterfangen nachdachte, dessen Ziel große Ehre war, während im Moment ein dringender Bedarf dafür bestand irgendein kleines Unterfangen, das wahrscheinlich das Nötigste zum Leben und ein paar hundert Dollar einbringen würde. Dementsprechend beschloss die Maschine um drei Uhr morgens, eine Zeit lang den Beruf des Viehhirten anzunehmen und eine Anstellung bei einem bestimmten Viehkönig von New Mexico anzunehmen.

Es wurde jedoch davon ausgegangen, dass dieser Exkurs vorübergehender Natur sein und aufgegeben werden sollte, sobald sich die Maschine in der Lage fühlt, ihren ursprünglichen Zweck wieder aufzunehmen. An diesem Punkt der Beratungen des Konklaves machte Major Culverson seine berühmte Aussage, nämlich dass die Pforten der Hölle letztendlich nicht gegen eine politische Maschinerie bestehen könnten, die aus einem Massachusetts Yankee, einem toten Wildsport und einem alten Virginia besteht Gentleman.

Von diesem Zeitpunkt an war die Karriere von Randals Maschine eine Aneinanderreihung von Glück und Unglück, vor allem Letzteres, ziemlich unglaublich. Aber die drei Männer hielten zusammen, und ein einziger enthusiastischer Vorsatz ist eine wunderbare Antriebskraft, so dass die Maschine, als das Schicksal endlich zur Hilfe kam, zu einer wichtigen Sache in den Angelegenheiten eines südwestlichen Commonwealth wurde. Einmal auf dem Weg nach oben, haben die Fähigkeiten von Randal und die kühne Energie seiner Mitarbeiter ihn mit großen Schritten vorangetrieben, so groß, dass der Massachusetts Yankee am Abend des Tages, mit dem diese Geschichte zu tun hat, Gouverneur eines Staates war , der Major war Auditor und Billy the Plunger, jetzt bekannt unter seiner Unterschrift als Ambercrombie Hergan war Außenminister.

Die Sonne war hinter den fernen Bergen verschwunden und verwandelte sich nun von Blau in ein trübes Grau. Der Gouverneur, der wieder ein Gespür für die Stunde hatte, schloss seinen Mahagonischreibtisch, schloss die Tür seines Privatbüros ab und ging gemächlich durch das State-House hinaus. Als er die Stufen des Kapitols hinunterging, traf er auf den Rechnungsprüfer, der heraufkam.

„Wie geht es dir, Al?" sagte der Rechnungsprüfer.

„Entzückt", antwortete der Gouverneur.

„Ah", sagte der Major mit großer Zeremonie, „Sie mögen entzückt sein, Sir, aber für mich, Sir, hat Ihr Gesicht den gehetzten Ausdruck von jemandem, der drei Neunen gegen etwas hält, von dem er den starken Verdacht hat, dass es eine Streichhand ist."

„Sage", sagte der Gouverneur und verneigte sich, „ich zittere um meine verborgenen Gedanken."

„Sie sind ein Idiot", sagte der Major und trat neben den Geschäftsführer. „Ich möchte wissen, wohin du gehst."

"ICH!" sagte der Gouverneur: „Ich gehe nach Südosten. Siehst du die kleine Eisenbahn? Ich bin gerade dabei, mich seiner unverantwortlichen Gnade zu unterwerfen."

„Du darfst nicht gehen, Al", fuhr der Rechnungsprüfer fort. „Kommen Sie, ich werde die Gründe nennen. Zuerst gibt es eine Julep-Party in meiner palastartigen Residenz."

„Unzureichend", sagte der Gouverneur.

„Zweitens gibt es einen Streik beim Big Injin .“

„Unzureichend“, sagte der Gouverneur.

„Und drittens“, fuhr der Rechnungsprüfer mit gesenkter Stimme fort: „Ehrenwerte Ambercrombie Hergan ist zu dieser Stunde im zweiten Raum von Crawley's Emporium, spielt die Steuern von Bolas County aus und verliert sie, Sir, verliert sie.“

Das Gesicht des Gouverneurs wurde hart und seine Bemerkungen waren für einen Moment völlig undruckbar. Dann wandte er sich an den Rechnungsprüfer.

„Ned“, fuhr er fort, „du musst ihn rausholen und zu meiner Wohnung bringen.“ Ich werde um zehn Uhr hier sein. Ich bin gezwungen, nach El Paso zu gehen. Ich komme da nicht raus. Ich bin gezwungen zu gehen.“

„Gezwungen?“ rief der Major, „wer, im Namen aller lebenden Götter, zwingt Sie? Er muss größer sein als die Eisenbahnen, größer als die Legislative, größer als das Bundesgericht. Den ehrenwerten Alfred Capland Randal überzeugen? Schatten der blühenden Hexe von Endor!“

„Ned“, sagte der Gouverneur langsam, „ich werde alles so schnell wie möglich erklären. In der Zwischenzeit musst du mir helfen. Du musst ihn rausholen. Nicht wahr, Ned?“

Der Gouverneur legte dem Rechnungsprüfer die Hand auf die Schulter, so wie er es schon tausendmal zuvor getan hatte, als er die Hilfe dieses ungewöhnlichen Mannes brauchte. Und genau wie er es schon tausendmal zuvor getan hatte, erklärte der Major, dass der Geschäftsführer ein „verdammter Schlingel“ und ein „unzähliger Junge“ sei und dass er es nicht tun würde, wo er doch tief in seinem Inneren schon immer Bescheid wusste Herzens, dass er diesen heterosexuellen jungen Kerl mehr liebte als alles andere auf der Welt, und dass er bald genau das tun würde, von dem er gesagt hatte, dass er es nicht tun würde.

Das wusste auch der Gouverneur, denn er rannte die Stufen hinunter, ohne anzuhalten, um den liebenswürdigen Fluss der abfälligen Bemerkungen des Rechnungsprüfers zu unterbrechen.

Im Depot fand er den Chinesen Bumgarner, der mit seinem Mantel wartete.

Dass einem so primitiven Himmlischen ein solcher Name aufgebürdet werden sollte, entsprang ausschließlich den frommen Instinkten des Majors. Es geschah, dass der Virginianer in einer Menschenmenge an der Ecke in der Nähe von Crawley's Emporium stand, als der Chinese zum ersten Mal auftauchte, nachdem er von der Küste hergestampft war. Der Major, der leicht benommen war, rief den Chinesen in die Ecke und erkundigte sich, unter welchem Namen er bekannt sei, worauf der Ausländer antwortete, dass er Fu Lun heiße . „Fu Lun !" schrie der Major heftig, „ein Name, der nach Teufel riecht und in einem christlichen Staat nicht geduldet werden darf." Und dann wandte er sich an die Menge: „Meine Herren", fuhr er fort, „siehe! Ich mache eine gute Missionsarbeit. Ich tadele den bösen Geist, der im Schoß dieses Heiden wohnt. Ich gebe ihm einen christlichen Namen. Ich nenne es Bumgarner."

So hefteten sich die ersten Zeugnisse der Zivilisation an die Celestial, und da der Auftrag des Majors nicht außer Acht gelassen werden durfte, war der Chinese als „Bumgarner" verschwunden.

Die Reise nach El Paso war für den Gouverneur keine müßige Reise. In kürzester Zeit sollte er in der Gegenwart von Miss Marion Lanmar und ihrer Tante Mrs. Beaufort sein, und ausgerechnet zu diesem Zeitpunkt seit ihrem ersten ereignisreichen Treffen war er nicht auf ein Interview vorbereitet. Vor dem bemerkenswerten Exodus der Maschine nach Idaho hatte Randal Miss Lanmar aufgesucht , die zu dieser Zeit eine sehr junge Frau am College war. Die beiden waren ziemlich wichtig, ziemlich enthusiastisch und hatten keine Ahnung von den Gepflogenheiten der Welt.

Diese letzte Begegnung erschien ihnen voller Schicksal und war dramatisch bis an die Grenze einer Schauspielprobe. Die Jugend verlieh ihm den ganzen Glanz der Romantik. Für Miss Lanmar war der junge Randal ihr ritterlicher Wanderritter am Vorabend seiner Abreise in ein wildes und unbekanntes Land voller geheimnisvoller Gefahren, auf der Suche nach Reichtum und schönem Ruhm, ganz für sie. Für Randal war sie die Lilienmagd von Astolat, die er mit edlen Taten verehren sollte, bis er siegte. Es wurde alles in strenger Übereinstimmung mit der romantischen Sitte in solchen Fällen hergestellt und bereitgestellt und endete ganz im Einklang mit den idealen Konventionen.

Als sich die Tür vor dem hübschen jungen Kerl geschlossen hatte, dem Miss Marion Lanmar versprochen hatte, ihn für immer zu lieben, blieb diese junge Dame regungslos am Kaminsims stehen, ihr Gesicht war sehr weiß und ihr Herz sehr verzweifelt und sehr aufrichtig. Für die zierliche Miss Lanmar war alles sehr real und keineswegs die hübsche kleine Komödie, als die die Welt es aufgrund ihrer praktischen Weisheit erkannt hätte.

Für Herrn Alfred Randal, als er die Stufen von Mrs. Beauforts Residenz an der Avenue hinunterging, war die Welt nun eine riesige Arena, in die er bewaffnet und zum Ritter geschlagen wurde, mit den Farben seiner Dame auf seinem Helm. Sein Herz schlug hoch in seiner Brust. Er würde ein Faktor in großen Angelegenheiten sein; Die Stunde würde kommen, in der er zurückkommen würde, berühmt, wohlhabend in der Vergangenheit, angekündigt von den Herolden. Er konnte nicht wissen, dass er nur eine weitere Figur in diesem süßen alten Märchen war, das Männer und Frauen immer wieder zu spielen versuchten, bevor sie mit stummer Entsetzen erfahren, wie erbarmungslos und wie praktisch die Wege der Vorsehung sind.

Doch der weise Mann, der den Jugendlichen zum Tor der Arena begleitet, wird nicht sagen: „Morgen werden die Umstände dich vom Pferd stoßen und dich niedertrampeln, und statt als Sieger wirst du als Krüppel zurückkehren." Obwohl der weise Mann ganz genau weiß, dass letzteres von allen Ergebnissen am wahrscheinlichsten ist, wird er es dennoch nicht sagen, weil die Begeisterung der Jugend eine wunderbare Kraft ist, schwer abzuschätzen, und niemand kann sagen, was sie bewirken kann.

Der Gouverneur hatte diese junge Frau nach dieser Nacht nicht mehr gesehen, aber er hatte mit der Entschlossenheit eines Mannes, der nur ein einziges Ziel im Leben hat, an seiner Absicht festgehalten. Es wurde ein zeitweiser Briefwechsel geführt, aber nach Jahren war diese Absicht, Miss Lanmar zu heiraten , eher zu einer idealen Sache geworden, und darin lag eine Gefahr. Aber ein paar Wochen zuvor hatte er vage angedeutet, dass er jetzt eine Person von einiger lokaler Bedeutung sei und keine unbeträchtlichen Aussichten auf Reichtum habe, und Miss Lanmar hatte darauf ebenso vage angedeutet, dass sie darauf warte. Aber in all dem schien ein mächtiger, wenn auch etwas undeutlicher Zweifel zu stecken. Jahre waren vergangen, und die Jahre hatten fürchterliche Veränderungen in den Menschen zur Folge. Die Miss Lanmar von heute konnte nicht das Schulmädchen sein, das er gekannt hatte.

Der Geschäftsführer lehnte sich in einem Sitz der stickigen kleinen Kutsche zurück und spekulierte mit großer Sorge . Jedenfalls war diese Allianz jetzt völlig unmöglich. Komplikationen waren eingedrungen; Eine Pflicht oder etwas, das er als Pflicht ansah, war aufgetaucht, und es war nicht seine Absicht, sich dieser Pflicht zu entziehen.

II

Der Gouverneur ging ernst den langen Bahnsteig in El Paso hinunter, schaute zu den Fenstern der Pullmans hinauf und fragte sich ziemlich undeutlich, woran er die schillernde Prinzessin seiner romantischen Jugend erkennen sollte . Ein Negerträger berührte ihn am Arm und fragte, ob er Gouverneur Randal sei. Der Geschäftsführer antwortete, dass dies der Fall sei, woraufhin der Neger mit großer Ehrerbietung verkündete, dass Miss Lanmar im Salon des gegenüberliegenden Pullmans warte.

Der Gouverneur sprang die Stufen der Kutsche hinauf. Als er eintrat, kam ihm eine junge Frau in einem dunklen Reisekleid entgegen. Sie war mittelgroß, hatte dichtes braunes Haar, schöne Augen, geschwungene Brauen und eine ziemlich makellose Nase. Aber der größte Reiz der Frau war ihr prächtiges Auftreten und ihre instinktive Bildung.

Wie dieses Treffen begann, konnte sich Alfred Randal später nie mehr so recht erinnern. Er konnte sich bis ins kleinste Detail an das erste Bild dieser großartigen Frau erinnern, als sie aufstand, um ihn zu begrüßen, doch dann, genau in diesem Moment, erwachte plötzlich die Liebe seiner Jugend, die so viele Jahre unter Narkose geschlafen hatte , zu herrlichem Leben. und strömte in sein Herz und überflutete seine Sinne mit seiner wunderbaren Lebenskraft. Was danach geschah, war provozierend undeutlich. Er erinnerte sich an die Vorstellung bei der Tante, Mrs. Beaufort, an ihr Erstaunen und ihre ungläubige Frage, ob er in diesem „schrecklichen Land" lebe, worauf er geantwortet hatte, dass man nicht sagen könne, dass er lebe, sondern dass es ihm gehöre Teil, um in diesem eher primitiven Land zu existieren. Er erinnerte sich, dass die drei zusammen im Salon des Trainers saßen und über seine Rückkehr nach New York, seinen endgültigen Erfolg und seine gesicherte Zukunft sprachen. Er erinnerte sich auch daran, dass er für einen Moment die große Schwierigkeit vergessen hatte, die einer solchen Zukunft im Weg stand, und dass er seine schwere Entscheidung erst wenige Minuten zuvor getroffen hatte. Er erinnerte sich auch daran, dass er die ganze Zeit über sehr dumm und sehr zuversichtlich und idiotisch glücklich gewesen war, und wie er beim Abschied Miss Lanmars Hand geküsst und wie ein Schulmädchen errötet hatte und dann aus dem fahrenden Zug gesprungen war, auf die Gefahr hin sein Leben.

Der Gouverneur stand auf dem Bahnsteig und beobachtete den großen Zug, der in der Ferne donnerte. Das Interview, das gerade zu Ende gegangen war, war zwar scheinbar unwirklich, hatte ihn jedoch aus dem Einfluss einer Illusion befreit, die dazu beigetragen hatte, sein Leben im großen Südwesten erträglich, ja sogar glücklich zu machen. Von diesem Zeitpunkt an konnte es nicht mehr das sein, was es einmal war. Der Mann fühlte sich wie jemand, der, nachdem er so lange in einem Kerker gefangen war, halb zufrieden war und dessen Erinnerungen an die Welt vage und unwirklich geworden waren, plötzlich und ohne Vorwarnung in den Sonnenschein der großen, herrlichen Welt gehoben und festgehalten wurde dort, bis sein Herz von der Schönheit des Ganzen bis zur Trunkenheit erfüllt ist und er dann rücksichtslos und augenblicklich in die strahlenlose Dunkelheit seines Kerkers zurückgeworfen wird.

Randal stand eine Weile da und betrachtete die Reihen schwacher Lichter, die wie düstere Glühwürmchen über die Station verstreut waren. Dann ging er zum Güterzug, mit dem er zurückkehren sollte, und stieg mit dem Lokführer in den Führerstand.

„Um wie viel Uhr sollen wir eintreffen?" er hat gefragt.

„Bis spät in der Nacht, Gouverneur, wenn wir Glück haben", antwortete der Fahrer und gab Gas.

Der Motor schnaubte und stampfte im Dunkeln wie ein riesiges Tier. Der Gouverneur saß im Fahrerhausfenster und schaute hinaus. Die Nachtluft war süß und kühl, sein Gesicht war heiß. Zwei Stunden zuvor hatte er entschieden, was er tun sollte, und die Angelegenheit abgetan; Doch neue und mächtige Elemente waren aufgetaucht und befahlen ihm, neu zu proben und zu entscheiden.

Ambercrombie Hergan hatte das Geld des Staates verloren und verschwendet. Auf seinen Konten befand sich nun ein Defizit von etwa fünfzigtausend Dollar. Es gab keine Möglichkeit, diesen Verlust auszugleichen, es sei denn, Randal würde ihn bezahlen, und dafür würde er alles kosten, was er auf der Erde hatte. Es würde die Opferung seiner Bergbauaktien bedeuten, die, wenn sie gehalten würden, große Erträge versprachen. Es wäre ruinös, völliger Ruin, den Verlust wiedergutzumachen; Dennoch war der Spieler, obwohl er ein Spieler war, sein Freund, und zwei Stunden zuvor hatte er überhaupt nicht gezögert.

Motive, mächtige, selbstsüchtige Motive, die er bis zu dieser Stunde zurückgeschlagen hatte, sprangen nun lautstark auf, um gehört zu werden, und heulten nach Zeit gegen seine Entscheidung, nach Zeit, um die Richtigkeit ihrer Sache, ihre Weisheit, ihre ultimative Gerechtigkeit zu zeigen . Etwas fragte ihn ungefähr, welches Recht er hatte, die Zukunft dieser Frau, die ihn liebte, aufs Spiel zu setzen. Welches Recht hatte er, sie zu täuschen, zu opfern? Wer war Hergan , dass er gegen diese Frau in Betracht gezogen werden sollte? Wer außer einem rücksichtslosen und unvorsichtigen Abenteurer? Es war nicht sein eigenes Glück, das ihn zu etwas drängte; das wäre eine Frage von untergeordneter Bedeutung. Es war das Glück eines anderen, und dieser andere war wahr, frei von Unrecht, überaus gerecht.

Welcher Kontrast könnte zwischen der Frau und diesem Spieler gezogen werden? Pflicht? Welche Pflicht konnte er dem verantwortungslosen Hergan schuldig sein, die auch nur annähernd so groß war wie die Pflicht, die er der Frau schuldete, die ihm so viele Jahre lang vertraut, gewartet und ihn geliebt hatte?

Doch im Gegensatz dazu tauchten bestimmte Bilder aus der Vergangenheit auf – lebendig, die eine mächtige Wahrheit verkündeten, eine Wahrheit, die der Mann kannte und in seinem Herzen anerkannte, die Wahrheit, dass, wenn diese Positionen umgekehrt würden, Hergan , obwohl er ein Spieler war, dies tun würde Zögern Sie keinen Moment. Hatte er an jenem Morgen im Rio Grande gezögert, als Randals Pferd gestürzt war und von der Strömung mitgerissen wurde, während sein Herr unter ihm im Steigbügelriemen verheddert war? Hatte er gezögert, als es notwendig wurde, die gefälschten Stimmzettel in Garfield County absichtlich zu stehlen und zu verbrennen, obwohl dies kaum weniger als vorsätzlicher Selbstmord schien? Hatte er an jenem schrecklichen Tag am Rio Sonora gezögert, als es keine Zeit für eine Warnung gab, sondern nur Zeit, vorwärts zu springen und das Messer in seine Schulter zu nehmen? Hatte dieser Mann jemals gezögert, als das Wohlergehen von Randal auf dem Spiel stand? Würde er morgen nicht gerne und kommentarlos sein Leben aufgeben, wenn der Gouverneur es von ihm verlangen würde?

Der Gouverneur fuhr sich mit der Hand über die Stirn und schloss die Augen. Als er sie öffnete , hatte er entschieden, und gegen diese zweite Entscheidung sollte es nun keine Berufung und keine erneute Anhörung geben.

III

D ER Außenminister war weit vom Gewöhnlichen entfernt. Er gehörte zu den nicht seltenen Personen, die von Menschen überhaupt nicht eingeordnet werden können. Manchmal stieg er weit über die Grenzen hinaus, die ihm seine Mitarbeiter gesetzt hatten, und manchmal fiel er weit darunter zurück. Der Mann besaß eine Art grenzenlose Zurückhaltung, die seine Kameraden beeindruckte und Vertrauen in jene Positionen erweckte, die überstürzte und scheinbar undurchführbare Bewegungen erforderten. Normalerweise galt sein Urteilsvermögen in alltäglichen Angelegenheiten nicht als fundiert oder gar wertvoll, und in solchen Momenten hätte niemand auch nur einen Moment daran gedacht, sich mit diesem Mann zu beraten. Erst wenn der gesunde Menschenverstand keinen Ausweg mehr sah, reizte die Maschine Hergan , und in solchen Momenten unternahm er ein ungewöhnliches Unterfangen, das furchtbar gefährlich und nie alltäglich war und nie ganz gescheitert war.

Der Erfolg resultierte jedoch normalerweise nicht aus der ultimativen Weisheit von Hergans Plänen, sondern aus der Tatsache, dass sein einzigartiger Schachzug die Angelegenheit in eine Art Erschütterung bringen würde, die zu einer neuen Situation führen würde, und diese neue Situation würde das gesunde Urteilsvermögen seiner Mitmenschen beeinträchtigen normalerweise kontrollieren können. Der Rat von Ambercrombie Hergan war ein vielseitiger Agent.

Der schwerwiegende Fehler im Charakter des Außenministers lag darin, dass er keine Ahnung von Perspektive besaß. Er würde seinen letzten Dollar mit der gleichen freudigen Unbekümmertheit einsetzen, mit der er seinen ersten gesetzt hatte, und er hätte den gesamten Südwesten, wenn er ihn besäße, ebenso bereitwillig wie einen mexikanischen Peso auf den Kartenumdreher oder das Ergebnis gesetzt ein Pferderennen. Was die Vorgeschichte des ehrenwerten Ambercrombie betrifft Hergan , sogar Vermutungen schwiegen. Er war aus einem geheimnisvollen Untergrund New Yorks heraufgekommen – wofür und aus welchem Grund, fragte niemand. Dieses mächtige neue Land verzeichnete keine Aufzeichnungen und warf keine Fragen auf. Die Arena stand mit zurückgeworfenen Türen offen. Jeder Kämpfer, der Lust hatte, konnte teilnehmen. Angekündigt oder unangekündigt, es spielte keine Rolle. Ob gut oder schlecht, gelehrt oder unwissend, von bösartigem Blut oder fürstlicher Abstammung, es spielte keine Rolle. Wenn er am fittesten wäre, könnte er gewinnen.

Dieser organische Defekt seiner geistigen Verfassung und nicht eine böse Feindseligkeit war die Ursache für den traurigen Zustand der Rechnungen des Sekretärs. Er hatte den wichtigen Unterschied zwischen seinem eigenen

Geld und dem, das dem Commonwealth gehörte, nie ganz erkannt. Er war gedankenlos, rücksichtslos und unbekümmert gewesen, bis jetzt war er hoffnungslos involviert. Doch selbst zu diesem Zeitpunkt, als seine Amtszeit schnell zu Ende ging, war er sich der Ernsthaftigkeit seiner Position nicht bewusst und behandelte die Angelegenheit mit gutmütiger Unbekümmertheit, als ob es keine große Bedeutung hätte.

Der Rechnungsprüfer und der Außenminister saßen zusammen in der Bibliothek des Gouverneurs und warteten auf seine Rückkehr. Dem äußeren Anschein nach war der Auditor ein muskulöser kleiner Mann von höchster Vitalität , mit einem wilden weißen Schnurrbart und einer Fülle an urigen Flüchen und halbdramatischen Phrasen, die äußerst ausdrucksstark und zuweilen kunstvoll waren; während der ehrenwerte Ambercrombie Hergan war sehr groß und sehr breit, mit einem dicken schwarzen Haarschopf, breiten Kiefern und einer großen, schiefen Nase. In seiner Jugend war diese Nase gerade gewesen, doch eines Abends kam es in einer Bar an der Bowery zu einer Meinungsverschiedenheit über eine unbedeutende Angelegenheit, und daraufhin hatte die Nase des Spielers eine Kontur angenommen, die im ursprünglichen Entwurf nicht vorgesehen war.

Der Major redete und klopfte kräftig auf den Tisch, als der chinesische Diener mit einem Tablett und einigen Gläsern hereinkam. Der Virginianer richtete sich auf und trat vom Tisch zurück.

„Nun, Bumgarner", sagte er, „ich begrüße deine Auferstehung; Ich freue mich über deine Rückkehr ins Leben. Sie sind schon seit geraumer Zeit tot, Sir."

Der Chinese antwortete, dass er eine mühsame, aber erfolglose Suche nach der Flasche Angosturabitter unternommen habe.

„Angosturabitter?" rief der Major, „ wunderbarer , unergründlicher Heide!" Würden Sie sich dazu herablassen, den Grund für die Nachfrage nach dem Angostura-Bitter preiszugeben?"

Der Himmlische antwortete, er gehe davon aus, dass Bitterstoffe ein Bestandteil des eher mysteriösen Getränks seien, das er zubereiten sollte.

„Höre ihn, höre ihn!" donnerte der Major, als würde er sich an einen anwesenden, aber unsichtbaren rächenden Dämon wenden; „Hört den Vandalen! Bitters in einem Julep! Mächtiger, intelligenter Schatten von Simple Simon! Seien Sie dabei und beobachten Sie die Idiotie dieses Wilden!" Dann ging er zu dem erstaunten Chinesen und packte ihn sanft am Kragen.

„Bumgarner", sagte er leise, „Sie sind ein schreckliches Beispiel für die Vernachlässigung des Menschen. Sie wurden von einem Massachusetts Yankee ausgebildet. Ergo, Ihr Mangel an Wissen ist großartig. Bitterstoffe könnten Sie in einen plebejischen Gin Fizz geben und danach glücklich sein. Bitterstoffe können Sie in eine große Kugel Whisky geben und danach weiterleben. Aber Bitterstoffe in einem Julep, *Magnum Sacrum!* Die Götter würden dich vernichten! Bumgarner, Sie sind ein schrecklicher, pochender Irrtum, und Sie sind dem Tod durch eine Vorsehung entronnen. Jetzt", fuhr der Major fort, ergriff den Chinesen an der Schulter und drehte ihn zur Tür, „können Sie gehen, ein paar Räucherstäbchen anzünden und über meine Bemerkungen nachdenken."

Der mandeläugige Himmlische verschwand und fragte sich vage, ob es nicht besser gewesen wäre, in San Francisco zu bleiben und Hemden in einem Keller zu waschen, als zu versuchen, den verdorbenen Geschmack solch unverständlicher ausländischer Teufel zu bedienen.

„Nun, Bill", fuhr der Major fort und setzte sich an den Tisch, „ich möchte wissen, was Sie tun werden."

"Worüber?" fragte der Spieler.

„Über dieses Geld, das Sie dem Staat schulden", sagte der Major. „Ist Ihnen klar, Sir, dass unser Stand im Südwesten kurz vor der Schließung steht und wir uns zusammenreißen und zurückziehen müssen?"

„Ich denke schon", antwortete der Spieler, als wäre es eine Angelegenheit ohne Bedeutung.

„Das glaubst du! Du verantwortungsloses Lastwagenpferd! Das glaubst du!" schnaubte der Major. „Sie werden aufhören, sich dem verlockenden Zeitvertreib des Spekulierens hinzugeben, wenn Sie eine Holzkette an Ihrem Bein und einen gestreiften Anzug auf Ihrem Rücken haben."

Der Außenminister lachte. „Es wird sich etwas ergeben", sagte er.

„ Ambercrombie „Hergan ", sagte der Major und schlug mit der Hand auf den Tisch, „für ein gebrochenes, gebrandmarktes, leidgeprüftes Kuhpony Satans haben Sie den blindesten und erstaunlichsten presbyterianischen Glauben an die Vorsehung aller weißen Kreaturen, die südlich davon schlendern Central Pacific Railroad; aber du versüßt mir einen Bluff in dieser Hand, und ich werde dich callen."

Das Gesicht des Spielers wurde ernst. „Wonach drängst du, Ned?" er hat gefragt.

Der Rechnungsprüfer beugte sich auf dem Tisch vor. „Sie planen auszusteigen", sagte er, „und es geht nicht."

„Würde es dir oder Al schaden?" fragte der Spieler besorgt.

Der Rechnungsprüfer streckte seine Hand aus und legte sie auf Hergans Arm. „Es würde mir nicht weh tun", fuhr er fort, „und es wären keine Knochen, wenn es so wäre, aber es würde dem Jungen weh tun, und er darf nicht verletzt werden." Wussten Sie nicht, dass Randal in dem Moment, in dem Sie weg sind, alles opfern wird, was er besitzt, und das Defizit begleichen wird? Und das würde ihn ruinieren."

Das Gesicht des Spielers wurde länger. „Darüber hatte ich nicht nachgedacht", sagte er langsam, „aber du hast recht, er würde das tun. Er ist so ein Mann. Ich war ein Narr, ein höllischer Narr, aber ich habe nicht ein einziges Mal daran gedacht, dass der Junge verletzt werden könnte." Der Mann biss die Zähne fest zusammen und die großen Muskeln an seinem Kiefer schwollen an.

Der Rechnungsprüfer saß da und beobachtete den Mann ihm gegenüber am Tisch und bewunderte dessen eiserne Nerven in dem schrecklichen Kampf um die Entscheidung zwischen ihm und dem Wohlergehen seines Freundes. Der Mann litt offenbar. Sein Gesicht zeigte es deutlich; Der Kampf muss erbittert sein. Der Rechnungsprüfer fragte sich, wie es ausgehen würde. Er hatte Mitleid mit dem Mann und hoffte trotz allem halb, dass er sich entschließen würde, sich selbst zu retten.

Dann drehte sich der Spieler langsam um und hob sein Gesicht, bleich, hager, zehn Jahre älter als noch vor einer Stunde.

„Ich weiß nicht, wie ich ihn davon abhalten kann", murmelte er; „Ich verstehe nicht wie."

Der Auditor begann. Dieser Mann hatte überhaupt nicht an sich selbst gedacht.

„Sehen Sie", fuhr Hergan fort . „Mir fehlen etwa fünfzigtausend, und es gibt keine Möglichkeit, so viel Geld aufzubringen – keine Möglichkeit in Gottes Welt. Wenn ich über den Rio gleite, wird Al dafür bezahlen, um zu verhindern, dass sie mich ausliefern; und wenn ich hier bleibe, wird er dafür bezahlen, dass sie mich nicht ins Gefängnis schicken. Es ist eine Falle des Teufels und funktioniert in beide Richtungen."

„Wer hat das Geld bekommen, Bill?" fragte der Rechnungsprüfer.

„Crawley und der alte Martin von der Golden Horn Mining Company. Crawley hat das meiste davon bekommen."

„Eine Plage fetter alter Spieler", sagte der Major feierlich; „Sie sind beide ebenso reich wie gemein, und ebenso gemein wie krumm."

In diesem Moment öffnete sich die Tür und der Gouverneur trat ein.

IV

Der Geschäftsführer hielt einen Moment inne und musterte seine Besucher fragend. dann lachte er. „Darf ich fragen, meine Herren, woher diese Düsternis kommt?"

Der Rechnungsprüfer verneigte sich tief. „Guter Herr", sagte er, „Ihre Exzellenz kann nicht zwischen Trübsinn und dem Ernst der Weisen unterscheiden."

„Wenn das Begräbnis", antwortete der Gouverneur, „eine *unabdingbare Voraussetzung* für das Gegenteil der Weisen ist, dann gab es hier in dieser Nacht großen Grund zum Neid seitens Salomos, des Sohnes Davids, des Königs von Israel; denn eine solche Düsternis habe ich in einer Welt voller böser Tage noch nie erlebt."

„Und, Herr", antwortete der Rechnungsprüfer und wedelte mit der Hand wie ein barbarischer König, „wenn mangelnder Respekt vor der Würde des Nachdenklichen ein Symptom eines organischen Geistesfehlers ist, dann gibt es hier in Wahrheit großen Grund zum Neid." seitens von Wamba, dem Sohn von Witless, dem Sohn von Weatherbrain . Denn solch eine liebenswürdige Unverschämtheit ist wunderbar zu betrachten."

„Jungs", sagte der Spieler und erhob sich, „wenn ihr freundlicherweise aus den Wolken herabsteigt, werde ich euch beiden sehr dankbar sein, denn ich habe etwas zu sagen, und dies ist genauso ein guter Zeitpunkt, es zu sagen." beliebig."

Der Rechnungsprüfer nahm seinen Platz am Tisch wieder ein. Der Gouverneur nahm einen Stuhl, rückte ihn bewusst in den Schatten des Raumes zurück und setzte sich.

„Es ist so", fuhr der Spieler fort, „wir drei sind schon lange dabei, und ich schätze, wir kennen uns ziemlich gut." Als wir anfingen , haben wir keinen Eid geschworen, einander beizustehen, aber ich denke, genau das haben wir uns vorgenommen. Jedenfalls haben wir das getan. Wenn wir es nicht getan hätten, wären wir in diesem Südwesten nicht hoch oben gewesen. Ich hatte kein Vertrauen in Al's Maschine, als sie anfing; Ich dachte, es wäre eine wilde Jagd, aber ich sagte nichts , weil ich nichts zu verlieren hatte. Ich war pleite und alles, was mir in den Weg kam, war reines Samt, also machte ich mit und kam hierher.

„Seit dieser Zeit hatten wir unsere Höhen und Tiefen, falls Gottes Geschöpfe jemals solche hatten . Wir haben viel gelogen, und wir haben einiges gestohlen, und wir haben die meiste Zeit gehungert, und wir waren arm und elend und pleite, aber wir haben fair miteinander gespielt, und wir haben noch nie das Paket gestapelt von unten aus behandelt. Dann, eines Tages, wendete sich das Glück und wir gewannen durch die Decke, so wie es immer der Fall ist, wenn man lange genug bleibt und den Einsatz immer wieder verdoppelt. Ihr zwei wurdet gewählt und Al hat mich ernannt.

„Ich denke, keiner von uns wird die Hölle vergessen, die diese Ernennung mit sich brachte. Sie sagten, ich sei ein ignoranter Understraper, ein Short-Card-Spieler und ein Leier Element; und es war wahr, jedes einzelne Wort davon. Dann fielen die Zeitungen auf Al ein; Sie sagten, es sei zu hoffen, dass der neue Gouverneur nun „den moralischen Mut haben würde, das zwielichtige Mitglied seiner Maschinerie zumindest zu unterdrücken" – das sind genau die Worte; Ich werde sie nie vergessen , und sie meinten mich.

„Ich schätze, ich bin zu euch Jungs gegangen und habe euch gesagt, ich solle lieber draußen bleiben, aber ich schätze, ich habe keine allzu strenge Aussage gemacht, weil mir der Krach zu heiß war. Es hätte mich nicht gekümmert, wenn die Heuler bessere Männer gewesen wären als ich, aber ich wusste, dass es sich bei ihnen allen um die gleiche Art von Vieh handelte – ungebrandete, verstreute Ochsen, die irgendwo anders als an einem guten Ort eingesammelt wurden. Was die Zwielichtigkeit anging, gab es zwischen den Gila und den Pecos keinen Mann, der weiß genug war, um vor einer Grand Jury im Osten zu bestehen, und was die Rolle des Spielers anging, gab es keinen einzigen Muttersohn aus der Gruppe, der das nicht tun würde Er hätte seine Seele auf einen Black Jack gesteckt, wenn die Bank ihn für einen Dollar eingelöst hätte."

Hergan hielt einen Moment inne und blickte den Rechnungsprüfer an. Dann fügte er hinzu: „ Außer natürlich dir und Al."

„Dann", fuhr der Spieler fort: „Ich schätze, Al wurde wütend. Er hielt eine kleine Rede; Wir waren alle da und es war ein wirklich gutes Gespräch, das wir uns anhören konnten. Er sagte, es habe in all den Jahren, in denen uns nichts widerfahren sei , nur eine Portion Pech nach der anderen gegeben, bis wir zu dem Schluss gekommen seien, dass es keinen Gott mehr gäbe – das waren seine Worte Alles in allem – zumindest, wenn überhaupt, dass Er nicht südlich der Central Pacific Railroad operierte, und als wir nun endlich auf den Beinen waren, würde es keine „hässlichen Unterschiede" mehr geben. Ich muss sagen, dass es sehr gut schien, Al so reden zu hören, und ich habe mich von ihm ernennen lassen."

Der Außenminister rückte etwas näher an den Tisch, und ein kaum wahrnehmbarer Schatten huschte über sein Gesicht. „Die ganze Zeit", fuhr er fort, „ wusste ich , dass es falsch war. Ich wusste , dass das, was die Schlammkämpfer sagten , das Evangelium war. Ich wusste , dass ich für den Job nicht geeignet war, genauso wenig wie ein Chinese für einen Papst geeignet ist. Ich wusste , dass der Spieler in mir fest verankert war, der andere nur äußerlich gerieben war und dass der Spielerteil die Dinge bestimmen würde – und das tat er."

Der Mann hielt einen Moment inne und wandte sich an den Gouverneur. „Jetzt", sagte er, „bin ich an dem Punkt angelangt, und der ist dieser: Ich bin in dieses Loch geraten und werde daraus wieder herauskommen; Es ist jetzt mein Spiel; Ich werde keine Nebenwetten akzeptieren. Ihr müsst mir hier beide versprechen, dass ihr die Finger von dieser Angelegenheit lassen werdet – weg von euch – es sei denn, ich sage, dass es erledigt ist."

Der Spieler blieb stehen, stützte seine Arme schwer auf den Tisch und blickte seine Gefährten an. Der Virginianer und die Exekutive schwiegen; Beide Männer erkannten völlig die wahre Bedeutung von Hergans Forderung. Er versuchte, jedes Opfer von ihrer Seite zu verhindern; Das war alles, und wenn er der geschickteste Diplomat der Welt gewesen wäre , hätte er sich nicht geschickter bewegen können.

Der Gouverneur blickte zu dem massiven Gesicht des Spielers auf, das von bösen Umständen und dem Aufruhr der Verschwendung gezeichnet war, und wunderte sich – wie er es schon so oft zuvor gewundert hatte – über die großartige Selbstlosigkeit dieses Mannes. Woher könnte diese Blüte des Adels stammen? Das Leben von Ambercrombie Hergan war tatsächlich ein unfruchtbarer Boden für eine solche Pflanze gewesen. Wie konnte es in der Wirtschaft der Menschen sein, dass eine solche fürstliche Treue allein herrschte, auch ohne die Spur der damit verbundenen gemeinsamen Tugenden?

Für die Verpflichtungen des Gesetzes Ambercrombie Hergan hatte keine Rücksicht darauf. Auf die Pflichten des Bürgers hatte er keine Rücksicht genommen. Selbst gegenüber den allgemeinen Verpflichtungen der Moral bewahrte er die unerschütterlichste Gleichgültigkeit. Ehrlichkeit war für ihn ein Name, und Recht, Pflicht und Ehre waren für ihn nur Namen. Doch im kargen Garten des Herzens dieses Spielers blühte etwas Schöneres als sie alle.

„Nun", fragte Hergan mit einem Anflug von Besorgnis in der Stimme, „wirst du es versprechen?"

Der Gouverneur erhob sich. „Das ist eine sehr ernste Angelegenheit", sagte er langsam; „Wir müssen ein paar Minuten Zeit haben, um zu entscheiden."

„ Das ist völlig in Ordnung", antwortete der Spieler. „Ihr zwei könnt in den anderen Raum gehen. Ich werde warten."

Der Rechnungsprüfer und die Exekutive zogen sich zurück, und der Außenminister nahm wieder seinen Platz neben dem Tisch ein, mit der Andeutung eines Lächelns auf seinem Gesicht. Er wusste genau, dass das

Versprechen seiner Gefährten unantastbar gehalten werden würde, wenn es ihm gelingen würde.

Plötzlich öffnete sich die Tür und die beiden Männer traten ein. „Bill", sagte der Gouverneur, „wir versprechen es."

Der Spieler stand auf und streckte seine langen Gliedmaßen wie jemand, der von der Last einer erdrückenden Last befreit wurde. Dann wandte er sich an seine Gefährten. „Jungs", sagte er fast fröhlich, „ich kann euch jetzt genauso gut sagen, dass ich Samstagabend nach New York fliege."

„Und ich darf hinzufügen", antwortete der Gouverneur, „dass ich Freitagabend gehe."

V

Sie ", sagte der Gouverneur, „der Zusammenbruch dieser Bank in San Francisco hat jeden Penny, den ich auf der Welt hatte, vernichtet." Am vierten Tag des nächsten März werde ich ärmer sein als der gewöhnliche Kutscher. So arm, dass ich noch einmal von vorne beginnen muss, und ich habe kein Herz dafür."

Miss Marion Lanmar schwieg. Ihre Bande ruhten auf den großen Zielen des Stuhls, auf dem sie saß. Ihr Gesicht könnte ein Abdruck gewesen sein; es war so sehr bewegungslos.

„Es würde mir nichts ausmachen, wenn du nicht wärst", fuhr der junge Mann fort. „Ich meine", – er zögerte einen Moment – „wenn ich dich nie gesehen hätte; wenn ich dich nie gekannt hätte. Aber jetzt würde der Aufwand so kläglich unzureichend erscheinen, wenn er nicht für Sie gemacht würde. Ich habe dich geliebt und zu lange für dich gelebt. Ich habe mich an Dich als mächtigen Ansporn gewöhnt. Jeder Weg, den ich gegangen bin, hat dich am Ende warten lassen. Jeder Kampf, den ich gekämpft habe, schien Ihr Glück im Gleichgewicht zu halten. Sogar die mageren Errungenschaften all der langweiligen, alltäglichen Tage haben für mich nur wenig oder so wenig zum Königreich der Königin beigetragen. Ich hätte also bis zum Ende weitermachen können, aber jetzt, ohne dich, habe ich überhaupt kein Herz mehr."

Der Mann beugte sich vor und legte seinen Arm auf den Kaminsims. „Ich habe irgendwo gelesen", fuhr er fort, „wie der böse Teufel danach strebte, einen Mann zu vernichten, den er hasste; wie er ihn seines Reichtums, seiner Freunde und seines schönen Ruhms beraubte und wie der Mann weiterarbeitete, indem er dem Dämon ins Gesicht lachte, und wie alles scheiterte, bis eines Morgens der böse Teufel in das Herz des Mannes griff und zupfte das Motiv aus seinem Leben, und dann warf der Mann seine Werkzeuge weg und kam und setzte sich in die Tür seines Ladens. Ich denke, es ist alles sehr feige, so zu reden, wie ich rede, aber es wäre meiner Meinung nach noch viel schlimmer, mich selbst und dich zu täuschen." Die Frau antwortete nicht. Sie schaute ins Feuer. Die kleinen blauen Flammen im breiten Kamin tanzten auf ihrem Kohlenbett auf und ab in schelmischer Fröhlichkeit über all die Schwierigkeiten, die das Leben der Menschen mit sich bringt.

Da begann der Mann erneut. „Aber eine Frau kann nicht immer warten", sagte er, „und ich habe kein Recht, das von dir zu verlangen." Ich muss aus deinem Leben zurücktreten und darum betteln, vergessen zu werden. Es ist eine schreckliche Tortur für jemanden, der mit den Farben seiner Dame auf dem Helm ins *Getümmel* gegangen ist , um geschlagen und gestürzt zurückzukehren und zu sagen: „Diese Suche ist nichts für mich." Es ist schwer, die Hoffnung auf sein Leben zunichte zu machen und in der Welt weiterzuleben, und doch tun es die Menschen, und das werde ich vermutlich tun.

„In der Jugend wird uns beigebracht, dass die Welt ein glücklicher Ort ist, und ich halte sie für eine Illusion, wie der schwarze Kobold und die Feen, und dennoch geben wir uns alle große Mühe, die alten Hausfrauenmärchen zu glauben und daran festzuhalten sie und gib sie widerwillig und mit Bedauern auf. Ich werde mich immer daran erinnern, wie sehr es mir leid tat, als mir zum ersten Mal klar wurde, dass es wirklich keine Feen gab. Ich war zwar noch ein Kind, aber es machte mich tagelang unglücklich. Es schien meine ganze Berechnung aus den Fugen zu bringen. Deshalb habe ich immer geglaubt, dass es Glück auf der Welt gibt und dass es die Menschen irgendwann in ihrem Leben erreicht , etwa so, wie die schöne Prinzessin in den Märchen auftaucht. Es kam mir nie in den Sinn, daran zu zweifeln, dass es kommt. Zwar kam es nie, aber alles, was geschah, schien nur den Weg für sein Kommen zu einem späteren Zeitpunkt vorzubereiten . Jetzt erkenne ich, dass dies nur eine Illusion wie die anderen ist, und ich gestehe, dass mich die Entdeckung schrecklich erschüttert hat."

Die Stimme des Mannes zitterte für einen Moment; dann wurde es stärker. „Ich verstehe nicht ganz, wie die Welt nach dieser Nacht jemals wieder ein schöner Ort sein kann. Der Himmel mag tatsächlich sehr blau sein, aber der Mann, dessen Augen schmerzen, wird nicht aufschauen, um ihn zu sehen. Die Vögel mögen herrlich in den Bäumen singen, aber der Mann, dessen Herz ein leeres Haus ist, wird sich überhaupt nicht darum kümmern."

Randal blieb stehen und blickte auf die Frau herab. Er bemerkte, wie weich und schwer ihr braunes Haar war und wie zart und schlank ihre Hände waren. Vage bemerkte er auch die künstlerische Wirkung der Falten ihres Kleides und der Schatten auf ihrem Gesicht.

„Marion", sagte er, „wenn ich dich nicht mehr lieben würde als alles andere auf der Welt, würde ich diese bitteren Argumente nicht gegen mein eigenes Glück vorbringen. Ich würde mir nicht so große Sorgen um Ihr Wohlergehen machen. Ich sollte nicht so viel Angst vor der Zukunft haben. Ich sollte die Chance ohne zu zögern nutzen. Aber die Tiefe meiner Liebe macht mich zum Feigling. Ich könnte es nicht ertragen, dich all den bösen Dingen auszusetzen, die mit der Armut einhergehen. Ich weiß, was für eine furchtbare Not es ist – wie es die Süße und den Adel des eigenen Lebens vernichtet, wie es Tag für Tag das Herz zusammendrückt, bis es schließlich zu einer trockenen Hülle in der Brust wird."

Randals Stimme war jetzt voller Emotionen. „Marion", sagte er, „hörst du mich? Glauben Sie mir?"

Die Hände der Frau schlossen sich fester um die großen Armlehnen des Stuhls, und einen Moment lang schwieg sie; dann begann sie langsam und deutlich zu sprechen.

"Ich weiß es nicht." Sie sagte. „Ich muss Zeit zum Nachdenken haben. Dennoch habe ich dir all die Jahre geglaubt. Ich muss dir jetzt glauben. Ja, ich glaube dir jetzt. Aber Sie liegen falsch, furchtbar falsch. Du vergisst, dass eine Frau ein Mensch mit Herz ist. Du denkst, ich habe Angst vor der Welt, Angst vor der Armut, Angst vor dem Leben, wie Gott es macht, wie Gott es will; dass ich ein zerbrechliches Etwas bin, das der Regen und das Sonnenlicht zerstören würden, wenn es berührt würde; dass ich etwas mehr oder weniger bin als du, etwas, das Bequemlichkeit und Luxus und die ganze vergoldete Inszenierung von Reichtum erfordert – und du liegst falsch. Wenn ich dich liebe, welchen Wert haben mir dann all die anderen Dinge ohne dich? Wenn ich dich liebe, dann sind es nicht alle diese Dinge, die ich will, sondern du. Ich bitte Sie, diese Frage zu beantworten, und erkennen Sie anhand der Wahrheit in Ihrem Herzen, was in meinem Herzen wahr ist: Würden Sie mit allem, was Reichtum Ihnen geben kann, und ohne mich glücklich sein?"

„Nein", sagte der Mann, „nicht nach heute Abend. NEIN."

„Mehr würde ich nicht tun", fügte die Frau hinzu.

Das Herz spricht, wie es heißt, klarer zum Herzen, wenn die Zunge schweigt, und man sagt, dass Kummer und Glück, wenn sie hoch in ihrem Meridian schweben, nicht auf das umständliche Medium der Sprache angewiesen sind.

Nach langem Schweigen begann Miss Lanmar erneut. „Männer können es nicht verstehen", sagte sie; „Das Herz einer Frau ist so schrecklich seltsam. Entweder rutschen die Dinge daran vorbei und hinterlassen überhaupt keine Spuren, oder sie versinken und werden zu einem Teil des Herzens der Frau. Es gibt keinen Mittelweg; keine halbe Freude; Keine Schmerzen in der Mitte. So kommt es, dass, wenn sich das Bild eines Menschen in ihr Herz einschleicht, es bleiben muss. Es stimmt, die Welt wird es vielleicht nie erfahren; Die Welt ist sehr dumm. Aber trotz alledem wird das Herz der Frau seinen Bewohner behalten, und wenn sie allein oder im Dunkeln ist, wird sie seine Präsenz erkennen und spüren. Es kann sein, dass die Frau darum betet, das Böse loszuwerden, oder dass sie darum betet, es immer als eine Gabe des Guten zu behalten, aber wenn es so kommt, wird das Herz der Frau für immer hilflos bleiben, es zu vertreiben dessen Mieter.

„Ist es dann seltsam, wenn ich dich liebe, dass ich mit dir gehen und mit dir leben und immer bei dir sein möchte und deine Freuden und deine Lasten zu meinen Freuden und meinen Lasten machen und einen Anteil daran haben möchte? Interesse an allem, was zu dir kommt? Ist es seltsam, dass ich Reichtum, Ansehen oder gar Ehre für nichts gegen dich halte? Ist es seltsam, dass ich mit allem anderen auf der Welt völlig, absolut unglücklich bin, und Sie haben es bestritten?"

Die Stimme der Frau stockte und brach; Ihre Hände entspannten sich und begannen, von den großen Armlehnen des Stuhls zu gleiten. Der Mann kam herüber, kniete sich neben sie und legte seine Arme um sie.

„Marion, liebes Herz", sagte er, „du liebst mich wirklich. Du wirst mir noch eine Weile vertrauen – nur eine Weile?"

Der Kopf der Frau rutschte auf seine Schulter. "Liebe dich!" Sie murmelte: „Ich habe dich immer geliebt. Sicherlich werde ich dich immer lieben. Aber wenn du weg bist, ist die Welt so leer, so erbärmlich leer!"

VI

„Ich weiß alles, was Sie erwähnt haben, sehr zu schätzen, Herr Hergan ", sagte der Angestellte Parks, „aber es ist völlig unmöglich. Mr. Mason ist völlig unzugänglich. Ich sollte es nicht wagen, ihn zu unterbrechen.

„Schau her, mein Freund", antwortete der Spieler. „Ich habe in der letzten Woche jeden Tag die gleiche Rede gehört, und sie hört nicht mehr auf. Ich muss diesen Anwalt sehen, und ich muss ihn jetzt sehen. Verstehst du mich?"

„Oh ja", antwortete der Angestellte mit einem schwachen Lächeln, „ich verstehe Sie vollkommen, aber es ist völlig sinnlos, die Sache weiter voranzutreiben. Das Geschäft, mit dem Herr Mason derzeit beschäftigt ist, ist von großer Bedeutung. Er würde ein Interview überhaupt nicht zulassen. Es tut mir sehr leid, aber natürlich kann ich nichts für Sie tun."

Der Spieler antwortete nicht. Für einige Momente schwieg er. Dann steckte er seine Hände in die Innentasche seines Mantels und holte eine ziemlich abgenutzte Ledertasche hervor. Er hielt die Brieftasche unter den Tisch, öffnete sie langsam, wählte unter vielen anderen einen Fünfzig-Dollar-Schein aus und legte ihn vorsichtig auf den Tisch.

„Da", sagte er, „ist mein Einsatz. Ich will im Spiel sein."

Die Augenwinkel des Angestellten begannen sich langsam zu verengen.

„Mein lieber Mann", sagte er, „ich würde das gerne für Sie tun, aber ich weiß nicht, wie ich das kann. Ich glaube nicht, dass Mr. Mason mir im Moment überhaupt zuhören würde. Ich tu nicht--"

„Warte", antwortete der Spieler; „Ich versüße es."

Daraufhin nahm er einen weiteren Geldschein aus der Brieftasche und breitete ihn sorgfältig neben den anderen auf dem Tisch aus.

Der kleine kahlköpfige Angestellte begann mit den Fingern auf dem Stuhl zu trommeln. Sein Blick wanderte vom Geld zur Tür von Masons Privatbüro und wieder zurück. Dann wandte er sich dem Spieler zu.

Der Hon. Ambercrombie Herman hielt zwei Finger hoch. „Rufen Sie nicht an", sagte er, „ich drehe es auf einhundertfünfzig." Und er legte einen weiteren Schein zu den beiden und schob das Geld über den Tisch dem Angestellten. Dann klappte er die Handtasche absichtlich zu und steckte sie wieder in seinen Mantel.

Parks stand auf, nahm wortlos das Geld entgegen, ging in Randolph Masons Privatbüro und schloss die Tür vorsichtig hinter sich. Wenige

Augenblicke später kam der Angestellte zurück. Er näherte sich dem Spieler und legte ihm vertraulich die Hand auf die Schulter.

„Mein Freund", sagte er leise, „du bist kein Narr. Ich habe einige Lügen erzählt, um Ihnen dieses Interview zu verschaffen. Schauen Sie scharf und sagen Sie so wenig wie möglich."

"Was liegt?" fragte der Spieler und stand auf.

„Solche, die nützlich waren", antwortete der Angestellte. „Viel zu langweilig, um es aufzuzählen. Bitte betreten Sie Mr. Masons Büro, Sir, und denken Sie daran, dass Sie mein Schwager sind. Beantworten Sie die Fragen, die Ihnen gestellt werden, und reden Sie nicht freiwillig. Das ist nicht klug."

Der Spieler öffnete die Tür zu Randolph Masons Privatbüro und trat ein.

VII

S E Außenminister kam langsam die Stufen von Randolph Masons Büro hinunter. Am Eingang des großen Gebäudes blieb er stehen und blickte die belebte, drängelnde Hauptstraße hinauf und hinunter. Es war erst ein paar Jahre her, seit er ein Körnchen in diesem Strudel war, und jetzt schien die Vergangenheit wie eine Ewigkeit entfernt. Ihm war nichts Interessantes an der sehr vertrauten Szene bewusst. Warum er stehengeblieben war, um nachzuschauen, hätte dieser Mann nicht ganz erklären können. In Wahrheit bemühte er sich, sich geistig zurechtzufinden. Er war gewaltsam von einem anderen Standpunkt abgelenkt worden und versuchte, die düstere Lage dieses neuen Landes zu begreifen. Seine Empfindungen waren denen eines Menschen nicht unähnlich, der erst eine Stunde zuvor den Operationssaal eines Chirurgen betreten hatte, geglaubt bis zu seinem Tod gegangen war und nun mit herausgeschnittenem Tumor und der großen Hoffnung auf Leben in seiner Brust zurückkam. Die Welt war ein völlig anderer Ort als noch einige Stunden zuvor, und die Schritte des Spielers waren fester, und sein alter, sorgloser Geist war zurückgekehrt.

In diesem Moment hielt, wie es dem Schicksal gefiel, ein Taxi vor einem Maklerbüro auf der gegenüberliegenden Straßenseite, und der Gouverneur stieg aus. Der Spieler stürzte hinüber und packte seinen Begleiter an der Schulter. Der Gouverneur drehte sich plötzlich um.

„Nun", sagte er erstaunt, „ist das ein Angriff *vi et armis ?* ""

„Nein", sagte der Spieler. „Es ist noch schlimmer, Al. Es ist ein Mandamus. Sie dürfen das Büro dieses Maklers nicht betreten."

„Nicht reingehen?" wiederholte die Exekutive. "Warum nicht?"

„Al", sagte der Spieler und grinste wie ein Hindu-Idol, „ich sagte, das hier sei ein Mandamus. Ich schätze, der Richter erklärt nie in einem Mandamus, warum nicht."

„Guter Kanzler", antwortete der Gouverneur mit gespielter Ernsthaftigkeit, „ich widersetze mich dem Befehl."

„Auf welchem Boden?" sagte der Löwe. Ambercrombie Hergan , mit einer so weisen, richterlichen Miene, wie man sie von einem Lastwagenpferd erwarten kann.

„Erstens", antwortete der Gouverneur, „dass der Mandamus unvorsichtig verliehen wurde." Zweitens sei das Gericht, das die Verfügung erlassen habe, unzuständig gewesen. Und drittens, dass die Maßnahme, die eingeschränkt werden soll, nicht ausschließlich ministerieller Natur ist, sondern weitgehend im Ermessen des Beamten liegt."

„Alle diese Einwände", sagte der Spieler, „wird von diesem Gericht außer Kraft gesetzt."

„Aber", fuhr die Exekutive fort, „in diesem Fall kann der Mandamus nicht lügen." Ich beantrage, die Klage aufzuheben."

„Aber es lügt", behauptete der mächtige Glücksbringer, hakte seinen Arm unter den des Geschäftsführers und schickte ihn die Straße entlang, „und sie kann nicht zerquetscht werden."

Der Gouverneur hatte die sehr große Veränderung bei dem Mann beobachtet und kannte den ehrenwerten Ambercrombie Hergan wusste, dass dieser unberechenbare Mensch zufällig eine Lösung für sein Dilemma gefunden hatte – seltsam und nur halb praktisch, daran hatte der Gouverneur keinen Zweifel, aber sicherlich nicht alltäglich, und so machte er kein weiteres Widerstandsangebot.

„Al", sagte der Spieler und trieb seinen Begleiter durch die überfüllte Straße, „weißt du, wohin du gehst?"

„Ich habe nicht die geringste Ahnung", bemerkte der Gouverneur mit größter Unbekümmertheit.

„Nun, ich werde es dir sagen. Sie fahren zuerst zum Hotel, dann zur Eisenbahn, dann nach Südwesten, und zwischen Ihnen und dem Zug liegen nur neunundfünfzig Minuten."

Der Gouverneur blieb stehen. „Ich kann nicht gehen, Bill. Ich muss diese Aktien verkaufen."

„Das ist genau der Punkt", sagte der Spieler. „Sie werden ihnen keine Aktien verkaufen. Deshalb habe ich hier dieses Mandamus herausgegeben." Und er packte den Geschäftsführer am Arm und zerrte ihn förmlich über die Straße.

„Bill", protestierte der Gouverneur, „Bill, das ist alles Unsinn. Es geht nicht ."

„Alles geht", sagte der Spieler. "Aufleuchten. Drei davon haben wir bereits innerhalb von neunundfünfzig Minuten verloren."

VIII

Das Emporium von Crawley war nicht unbedingt ein Handelsplatz, wie der griechische Wortstamm andeutet, es sei denn, Transaktionen, bei denen der Unvorsichtige seinen Gewinn gegen Erfahrung eintauschte und die großen, ungereinigten Südwesten ihren Lohn gegen den Tumult der Verschwendung antreten ließen, Man könnte davon ausgehen, dass sie Teil der Natur des Handels sind. Es war eine Modeerscheinung Crawleys, zu behaupten, dass sein Emporium eine Clearingstelle sei – ein ziemlich düsterer Scherz voller Wahrheit. Tatsächlich schien die gesamte Währung dieses primitiven Landes früher oder später durch das Mammutunternehmen First Class Crawley zu fließen, und in der Saison und außerhalb der Saison, während der Dollar durchlief, blieb ein Teil stehen und blieb in den Händen des Besitzers . Und auch hierfür – wie es der Common-Law-Plädoyer ausdrücken würde – hielt die Wahrheit an der Lieblingserklärung von Crawley fest.

Als sich die Bevölkerung Nacht für Nacht unter dem Dach seines Emporiums versammelte, kamen auch ihre Probleme; Und als der Rauch dichter wurde und sich der Tanglefoot-Whisky durchzusetzen begann, gab es neben Währungsfragen noch andere Dinge zu klären. Belanglose und unbedeutende Angelegenheiten wurden mit den gleichen schnellen und drastischen Maßnahmen geklärt. Böse Männer entschieden hier, wer der Schlechteste oder der Beste war, weil sie mit dem Begriff zufrieden waren. Die Handlanger rivalisierender Viehkönige legten die heikle Frage einer Brandmarke auf einer streunenden Färse diesem Gericht mit sofortiger Lösung und schneller Entscheidung vor, und andere Anliegen des Bürgers, die vielleicht seine Wahrheit, seine Ehre oder seine Fähigkeit zu einem Laster berührten, wurden geklärt Plötzlich und für immer, ohne das Streiten der Anwälte oder die Langeweile der Gerichte.

Wenn ein Mexikaner so kurzsichtig war, dass er sein Messer in einen Tenderfoot steckte, erschoss jemand den Mexikaner, und die Menge „ leckte sich aus". Wenn der Faro-Händler seinen Mann tötete, dann normalerweise, weil der Mann getötet werden musste, und sicherlich konnte der Faro-Händler dies am besten beurteilen. Im Gegenteil, wenn man den Dealer erschoss, galt dies als öffentliches Unglück und erforderte eine Erklärung, da der Dealer *quasi ein* öffentlicher Beamter war und die Bequemlichkeit des Bürgers erforderte, dass das Spiel fortgesetzt werden sollte. Unterhalb der Central Pacific Railroad war das Leben vielleicht das Billigste, und es war allein die Pflicht des Einzelnen, dafür zu sorgen, dass es erhalten blieb. Wenn jemand beim Abzug unsicher war oder beim Ziehen beim Nickerchen ertappt wurde, wurde davon ausgegangen, dass er aufgrund von Mitverschulden gestorben war.

Gewiss gab es ein Gesetz und Mechanismen zu seiner Umsetzung; aber die Maschinerie war liberal und hatte ihre eigenen Ideen, und das Gesetz hielt mit größter Gleichgültigkeit an seiner Maxime fest: *De minimis non curat lex* .

First Class Crawley war hervorragend für die Aufgaben seiner Position ausgebildet worden. Wäre Fortune zielstrebig gewesen, hätte sie ihn für ein solches Leben nicht besser schulen können. Etwa dreißig Jahre zuvor war er Marketender bei der Potomac-Armee gewesen – nicht der Marketender der Romantik, sondern der Marketender der Realität; Er folgte der Armee tapfer, aber in einem solchen Abstand nach hinten, dass er jederzeit äußerst sicher war, und forderte für seinen wertvollen öffentlichen Dienst jeden Gewinn, den menschlicher Einfallsreichtum finden konnte. Für Crawley war es nicht falsch, den einfachen Soldaten um seine Augen zu betrügen; Ich glaube, der Soldat würde am nächsten Morgen erschossen werden, und dann würde jede Gelegenheit, ihn zu betrügen, wegfallen, und Crawley würde es bereuen, wenn die vorherige Gelegenheit nicht genutzt und genutzt worden wäre.

Als die „Bitterkeit des Todes" vorüber war, wurde Crawley Friedensrichter in Ohio. Hier war das Feld für sein Talent breiter, und Crawley erhob sich und breitete sich aus wie der Lorbeerbaum der biblischen Aufzeichnungen. Crawley hielt es für ein Grundprinzip, dass die Maschinerie der menschlichen Gerechtigkeit nicht ohne ausreichende Kriegssehnen aufrechterhalten werden könne. Es wäre zwar das Beste, wenn diese Sehnen dem Übeltäter entrissen werden könnten, aber wenn das nicht gelingt, müssen die Unschuldigen ihren Beitrag leisten. Es wurde davon ausgegangen, dass jeder Prozesspartei auf Kostenkosten vorging. Die Kostenfrage war für Crawley von entscheidender Bedeutung und stand ständig im Raum. Das Recht oder die Gerechtigkeit einer Sache durfte sie niemals auch nur einen Augenblick lang verschleiern. Wenn der Kläger mittellos war, muss die Entscheidung zu Lasten des Beklagten fallen, andernfalls könnten die Kosten nicht geltend gemacht werden, und *umgekehrt* , da es der Vorsehung gefallen hatte, die Sache in die Tat umzusetzen.

Dies war eine hohe Vorstellung von menschlicher Gerechtigkeit; denn es ging an der trivialen Kontroverse der Prozessbeteiligten vorbei und legte die Last des Gerichtsverfahrens demjenigen auf, der es am besten unterstützen konnte. First Class Crawley behauptete weiter, dass es Teil der Weisheit einer Regierung sei, den Kriminellen, der „bezahlt" habe, umgehend freizulassen, da die Einnahmen des Staates größtenteils aus den Geldstrafen bestünden, die dem Übeltäter auferlegt wurden, und es sicherlich völlig sinnlos sei, sie einzubehalten der Verbrecher auf Staatskosten, nachdem er gründlich ausgequetscht worden war, als er in die Gesellschaft zurückgebracht und später erneut ausgequetscht werden konnte.

Crawley wäre vielleicht der Vater einer Schule gewesen, wenn er nicht die Schule in Ohio gefunden hätte, die zu seinen Zwecken eingerichtet worden wäre. Folglich war sein Ruhm örtlich begrenzt, und seine Methoden, die in diesem Commonwealth uralten Ursprungs waren, lösten keinen Kommentar aus, und tatsächlich hätte er mit der üblichen Laufbahn solch ehrgeiziger Geister einen Sitz in der Legislative erreichen können, wenn er nicht unwissentlich gekreuzt wäre in einen Nachbarstaat, um an einem Treffen der Großen Armee der Republik teilzunehmen. Hier stürzte sich einer, der von einer Verletzung schmerzte, mit einem Haftbefehl wegen eines Verbrechens auf ihn, und in derselben Nacht war der Gastrichter Gast des Staates. Aber First Class Crawley war kein Mann mit schwachen Mitteln, und zwei Tage später gab er einen Strohbund und verschwand wie eine Zeitungskriegswolke.

Im Südwesten war Crawley eine bedeutende Persönlichkeit – ein Gericht der letzten Instanz in allen Angelegenheiten, mit Ausnahme keiner. Wenn Wetten abgeschlossen wurden, war Crawley Schiedsrichter. Wenn Fragen diskutiert wurden, war Crawley der Richter. Wenn man Rat brauchte, ging man zu ihm. Wenn man Informationen wollte, ging man zu ihm; und wenn man Geld brauchte, ging man immer zum First Class Crawley und gab alles außer seinem Leben aufs Spiel. Keine Veranstaltung war ohne die Anwesenheit dieser Berühmtheit vollständig, sei es ein Bullenkampf, ein Preiskampf, ein Hundekampf oder ein vorher vereinbarter Rückgriff auf das Schiedsgericht von Winchester. Crawley war ein großartiger Mann, im Gegensatz zu einem schlechten Mann. Persönlich hat er weder gestritten noch gekämpft, und man hätte genauso wenig in Betracht gezogen, auf Crawley zu schießen, wie er auf die Idee gekommen wäre, auf seine Großmutter zu schießen. Dieser Besitzer des Emporiums behauptete seine Position nicht aufgrund seiner Waffen und seines Geschicks im Umgang mit ihnen, sondern aufgrund einer interessanten Eigenschaft, die er für einen Intellekt hielt.

Als er und Hiram Martin von der Golden Horn Mining Company sich im privaten Spielzimmer des Emporiums zu einem privaten Interview mit dem ehrenwerten Ambercrombie zusammensetzten Hergan , das hatten sie aufgrund der aufgewendeten Zeit erwartet. Sie waren sowohl aufmerksam als auch interessiert, da der rücksichtslose Außenminister im Jargon der Gilde als „einfaches Mitglied" bekannt war. Wenn er Geld hätte oder sich Geld beschaffen könnte, würde es irgendwann in ihre Fänge geraten, wie es immer der Fall war. Daher war ihr Interesse echt.

„Jungs", sagte der Außenminister, „ich habe einen Plan, einen Einsatz zu machen, und ich möchte, dass ihr dabei seid." Ich war im Osten und habe alles herausgefunden, und es ist ein Kinderspiel."

Der Besitzer des Goldenen Horns faltete die Hände über seinem riesigen Bauch und lächelte gütig. Er wusste alles über die übliche Kombination von Umständen, die in der eleganten Diktion des Spielers als „Cinch" beschrieben wird.

Er war ein Experte für solche Dinge, aber er gab keine Informationen und keinen Kommentar ab. Er lächelte nur und murmelte „Ja" mit einer Stimme, die an das Ausgießen von Öl aus einem sehr vollen Fass erinnerte.

„Sehen Sie", fuhr der ehrenwerte Ambercrombie fort

Hergan : „Es ist hier entlang. Es gibt einen Makler in Chicago, der ein Freund von mir ist. Ich habe ihn als Kind vor dem Krug gerettet und er hat es nie vergessen. Nun, er ging nach Chicago, sammelte eine Menge Geld und kaufte einen Platz an der Börse. Er hatte Glück, und jetzt ist er oben. Er ist Insider und sagt, dass es einen großen Anstieg der Ölvorräte geben wird; dass die Standard Oil Company den Kurs nach unten gedrückt hat, um die kleinen Händler zu verdrängen, und dass sie jetzt ganz unten sind, und wenn sie nachlassen, wird der Kurs wieder auf einen Dollar steigen."

An diesem Punkt der Erzählung murmelte Crawley „Ja", lehnte sich dann in seinem Stuhl zurück und schloss die Augen. Er war noch nicht ganz bereit, Mr. Hergans Ballon zu zerplatzen , und es war nicht seine Art, Einwände gegen unvollendete Vorschläge zu erheben.

„Jetzt", sagte Hergan , beugte sich vor und stützte seine Arme auf den Tisch, „ist der Plan, einen großen Pool zu bilden und Öl zu kaufen und auf einmal genug zu verdienen, um in die Zivilisation zurückzukehren und wie ein König zu leben." Das ist der Plan, Jungs. Das ist gut." First Class Crawley öffnete langsam die Augen, streckte seine dicke Hand aus und begann, das grüne Tuch auf dem kleinen runden Pokertisch zu streicheln.

„Billy", sagte er langsam, „ich gehe davon aus, dass das ein guter Plan ist, und ich gehe davon aus, dass Geld darin steckt – vielleicht sind es Tonnen voller Geld, aber ich und Martin sind keine Spekulanten; Wir haben noch nie in unserem Leben eine tickende Maschine gesehen. Wir wissen nichts über neuartige Wege, reich zu werden. Wir sind beide alte Mistkerle, ganz gewöhnliche alte Mistkerle, und ich glaube, wir bleiben lieber draußen. Natürlich klopfe ich nicht an den Plan. Es sieht gut aus, wirklich gut, aber ich und Martin sind nicht mehr jung; Wir werden alt und belasten unsere Nerven, und wir haben nicht mehr die Nerven wie früher. Ich klopfe immer noch nicht . Ich und Martin würden gerne sehen, wie du einen Haufen Geld verdienst, nicht wahr , Martin?"

„Ja", gurgelte der Besitzer des Goldenen Horns, „das würden wir."

Der ehrenwerte Ambercrombie Hergan richtete sich auf und steckte die Hände in die Taschen. „Natürlich, Jungs", sagte er, „es ist ein Glücksspiel, aber es ist zehn zu eins besser als eine Faro-Bank." Wenn es nach unseren Wünschen geht, werden wir jede Menge Geld haben; wenn es andersherum geht, werden wir zum Stillstand gebracht. Ich bin müde von kleinen Glücksspielen und werde in den nächsten zwanzig Jahren ein großes Spiel machen, wenn ich Schneebälle esse. Ich würde euch gerne dabei haben, aber wenn ihr glaubt, dass das Ding nicht leicht zu schlagen ist, könnt ihr draußen bleiben."

First Class Crawley hatte eine Inspiration, und er ergriff sie mit der Gier eines Hais. „Billy", sagte er mit liebenswürdiger Zuversicht, „du hast hier in diesem Land keine besseren Freunde als mich und Martin – nicht wahr, Martin?"

„Nein", murmelte der dicke Besitzer der öligen Stimme, „das ist er nicht ."

„Und ich und Martin", fuhr der Wirt fort, „würden in alles auf der Welt gehen, in das wir gehen sollen, und es würde für uns keinen Unterschied machen, was es war, wenn Sie sagten, es sei etwas Gutes." Ding. Aber ich und Martin sind fast sechzig, und wenn wir pleite gehen würden, könnten wir nie wieder auf die Beine kommen. Wir sind verrückt , Billy; Ich und Martin sind skeptisch , aber wir sind bereit, alles für dich zu tun, was wir können. Wir sind bereit, Ihnen auf jede erdenkliche Weise zu helfen, denn Sie sind tot, Billy, – das ist es, was Sie sind – Sie sind tot."

Der vorsichtige Hiram Martin war völlig im Unklaren darüber, wonach Crawley suchte, aber er hatte uneingeschränktes Vertrauen in den Besitzer des Emporiums und stimmte höflich zu. Er wusste, dass Crawley keiner kalten Spur folgte; Crawley arbeitete nicht mit gesalzenem Blei, und wenn er sich bückte, um „die schwangeren Gelenke des Knies zu krümmen", war etwas für Crawley drin, und das aus nicht allzu großer Entfernung.

„Nun", antwortete der Außenminister,

„Ich bin euch beiden zu Dank verpflichtet, aber ich denke, es gibt im Moment nichts, was ich brauche. Natürlich muss ich für diesen Deal eine Menge Geld aufbringen, aber das habe ich irgendwie in New York arrangiert."

Crawleys Hintergedanken waren dem Besitzer des Goldenen Horns nun völlig klar. Hergan würde Geld benötigen , vielleicht eine große Summe für sein Unterfangen. Wenn eine gute Sicherheit gegeben werden konnte, gab es keinen Grund, warum sie das Bargeld nicht mit einem großen und komfortablen Abschlag vorstrecken sollten.

Der Beamte des Commonwealth rückte seinen Stuhl vom Tisch zurück, als Zeichen dafür, dass die Geheimkonferenz beendet war. Dabei beugte sich der Besitzer des Emporiums vor und breitete seine dicken Hände auf dem grünen Tuch aus.

„Billy, alter Mann", sagte er mit einer Stimme, die sanften Vorwurf erkennen ließ, „es bestand für dich keine Notwendigkeit, unter Fremde zu gehen, um Geld aufzutreiben, das du wolltest; Ich und Martin haben ein wenig gespart, und ich und Martin würden es dir gerne überlassen, wenn es eine Unterkunft wäre, nicht wahr , Martin?"

First Class Crawley versäumte es, hinzuzufügen, dass sowohl er als auch Martin das unbedeutende Detail einer erheblichen Bürgschaft benötigen würden, aber sie gelangten zu dem klugen Schluss, dass Hergan , wenn er in New York Geld aufbringen konnte, erstklassige Unterstützung erhalten hatte und dass diese Sicherheit ausreichend war Für eine östliche Bank war es für alle im Handel bekannten Zwecke völlig ausreichend. Daher stimmte der scheinbar unbekümmerte Martin äußerst freundlich zu.

Der ehrenwerte Ambercrombie Hergan lehnte sich in seinem Stuhl zurück und wurde nachdenklich. „Ich habe den Kredit noch nicht abgeschlossen", sagte er nach einiger Überlegung, „und ich würde ihn euch lieber leihen, Jungs." Tatsache ist, dass ich es mir lieber von Ihnen leihen würde. Ich bezahle ziemlich viel für das Geld, und ich würde lieber meine Freunde bezahlen als die Yankees im Osten."

„Ja", bemerkte der salbungsvolle Bergbaumagnat, obwohl er überhaupt nicht vorgehabt hatte, etwas zu sagen.

„Aber", fuhr der Außenminister fort, „ich schätze, Sie würden nicht so viel aufbringen wollen, wie ich brauche." Diesmal werde ich die Bank überfüllen."

„Nun, Billy", sagte der Besitzer des Emporiums gedehnt, „ich gehe davon aus, dass ich und Martin das wieder gutmachen können. Wenn wir nicht genug haben, können wir etwas davon besorgen und austeilen. Zumindest werden wir es versuchen. Wie hoch könnte der Betrag sein, den Sie benötigen?"

„Ich schätze", antwortete Hergan , „dass mir etwa fünfzigtausend fehlen werden."

Die Hände von Hiram Martin schlossen sich fester um seinen Bauch, und einen Moment lang betrachtete Crawley mit gelassener Gleichgültigkeit die Decke. Er hatte Hergan zu seinem eigenen Kanal gemacht, und da die Transaktion gesichert war, lag es nun an der Weisheit, die Schwerkraft zu beeinflussen. Dann sprach er langsam und besorgt: „Das ist ein riesiger

Haufen Geld. Trotzdem, ich und Martin –" Hier blieb er stehen und drehte sich zu seinem Begleiter um.

„Mächtig, groß", wiederholte der Minenbesitzer und gab keine weitere Beobachtung ab. Er verstand First Class Crawley wie nur wenige Männer, und solche Beobachtungen waren zwischen ihnen völlig nutzlos, abgesehen von der Wirkung auf das Opfer, um das es ging.

„Dennoch", fuhr der Besitzer des Emporiums fort, „ gehe ich davon aus, dass wir den Betrag irgendwie erhöhen können." Zu welchen Konditionen gestatten Sie das?"

„Ich denke, dreißig Tage werden lang genug sein", antwortete Hergan . „Dreißig Tage bei zwölf Prozent, so habe ich es mir vorgestellt."

„Ja", sagte der Glücksspielkönig gedehnt, „und die Sicherheit?"

„Nun", sagte der Außenminister, „ich habe berechnet, dem Gouverneur und Culverson etwas zu geben ."

„Ich denke, sie sind gut", bemerkte der vorsichtige Crawley. „ Sind sie nicht gut, Martin?"

„Könnte schlimmer sein", antwortete der ölige Besitzer des Goldenen Horns, „aber das ist es nicht . Es ist der Preis. Scheint ziemlich wenig für einen kurzfristigen Kredit zu sein."

„Es ist ganz schön klein", fuhr Crawley nach einigem Schweigen fort. „Wir müssten mehr als das geben, was wir uns geliehen haben. Für uns wäre nichts dabei, Billy, für mich und Martin keinen Cent."

„Ich sage Ihnen, was ich tun werde", warf der ehrenwerte Ambercrombie ein Hergan sagte abrupt, als ob die Idee neu und plötzlich aufgekommen wäre: „Ich gebe dir zwölf Prozent für das Geld für einen Monat, und ich werde eine Vereinbarung treffen, um dir zwei Achtel davon zu übergeben." was ich beim Glücksspiel gewinne."

Crawley war sehr ernst. Der Vorschlag gefiel ihm außerordentlich, doch seine Gefühle äußerten sich bei ihm nicht. Fünfzigtausend Dollar gegen gute Sicherheit zu einem enormen Zinssatz zu leihen und darüber hinaus einen erheblichen Anteil an einer Spekulation zu haben, ohne einen Cent zu verlieren, war eine Situation, die im Laufe eines Jahres wahrscheinlich nicht mit großer Regelmäßigkeit eintreten würde Das prekäre Leben eines Spielers. Doch Crawley war nicht besorgt. Für den Zuschauer war er traurig und unbesorgt. Er wusste ganz genau, dass es sich bei diesem Vorschlag um Hergans Ultimatum handelte, und er würde es annehmen, wollte aber eher den Anschein erwecken, als ob es sich dabei um ein freundliches Gefühl gegenüber Hergan handele, und nicht aufgrund der Tatsache, dass der Anreiz gestiegen sei.

„Billy", sagte er langsam, fast traurig, „Martin und ich wollen nichts aus dir machen, und wir werden versuchen, es so in Ordnung zu bringen, wie du es willst." Wenn du die Sache so arrangieren willst, warum passt es zu uns — es passt zu mir und Martin."

„In Ordnung", antwortete der Außenminister und stand vom Tisch auf. „Ich gehe zum Haus des Gouverneurs und lasse Al die Papiere reparieren. Je früher ich es bekomme, desto größer sind meine Chancen, einen Einsatz zu gewinnen."

„Billy", rief der Besitzer des Emporiums, als der Beamte des Commonwealth durch die Tür hinausging, „machen Sie einfach die Rechnung an Martin zahlbar."

Der ehrenwerte Ambercrombie Hergan nickte zustimmend und ging und überließ es den dicken Glücksspielkönigen des Südwestens, die geheime Sitzung zu verlängern.

Als die Tür geschlossen wurde, drehte sich First Class Crawley zu seinem Begleiter um, seine kleinen grauen Augen glitten in ihren geschwollenen Höhlen umher.

„Martin", sagte er, „ ist er nicht ein Mark?"

Der Magen des rundlichen Martin bewegte sich wie ein mit Flüssigkeit gefüllter Gummibeutel. „Von allen verdammten Idioten", gurgelte er.

„War es klar?" erkundigte sich der Besitzer des Emporiums.

„Einfach wie ein gesprenkelter Welpe", antwortete Martin, „abgesehen von der Notiz."

„Sehen Sie", sagte First Class Crawley und drehte sich auf seinem Stuhl um, „Sie leben in New Mexico, und ich wollte die Notiz auf Ihren Namen haben, damit wir sie, falls wir klagen müssten , vor dem Gericht der Vereinigten Staaten bekommen könnten." Man kann nie sagen, was die Gerichte des Bundesstaates mit einem machen werden, aber die Gerichte des alten Onkel Sam ertragen keine Schmähungen."

„Crawley", verkündete der Besitzer des Golden Horn, „Crawley, du bist gebaut wie ein weißer Mann, aber du hast einen Kopf wie ein Yankee."

Als der ehrenwerte Ambercrombie Als Hergan in die Residenz des Gouverneurs zurückkehrte, fand er in der Bibliothek den berühmten Beamten und Major Culverson vor . Der unbändige Major war damit beschäftigt, eine schaurige und hochdramatische Geschichte darüber zu erzählen, wie er während der Abwesenheit seiner Mitarbeiter die verworrenen Anforderungen des Commonwealth in Ordnung gebracht hatte und wie er dank seiner großartigen Persönlichkeit den gesamten Südwesten von den unteren Grenzen aus in Ordnung gebracht hatte Utah bis zum Rio Grande war nun der friedliche Aufenthaltsort des Friedens und des brüderlichen Wohlwollens. Als der Außenminister eintrat, blieb er stehen und verbeugte sich. Dann steckte er seine Hand vorne in seinen Mantel und rief mit der affektierten Art eines zehntklassigen Schauspielers: „Guten Morgen, guter Spieler."

„Top Chop", antwortete der ehrenwerte Ambercrombie Hergan . „Und ein Favorit."

„Ich denke", fuhr der Major fort, „Ihrem freudigen Ton nach zu urteilen, Sir, sind die fetten Haie erfolgreich harpuniert worden."

„Meine Herren", sagte der Außenminister und ließ sich auf einen Stuhl neben dem Tisch fallen, „die Berichte über dieses Rennen werden bekannt geben, dass Hiram Martin und First Class Crawley ‚ebenfalls angetreten sind'."

„Was übersetzt bedeutet", bemerkte der Gouverneur, „bedeutet, dass diese Herren Ihnen das Geld auf der von Ihrem New Yorker Anwalt vorgeschlagenen Linie vorschießen werden."

„Ja", sagte der Spieler. „Sie sollen die Papiere in Ordnung bringen, und ich soll heute Abend dorthin gehen. Alles verlief genau so, wie Randolph Mason es versprochen hatte. Wenn der Rest so glatt durchkommt, fahren wir in Kutschen."

„Legen Sie die versiegelten Befehle vor", sagte der Gouverneur und nahm an der gespielt dramatischen Atmosphäre teil.

Der Außenminister zog einen großen Umschlag aus seiner Tasche und warf ihn auf den Tisch. Der Geschäftsführer beugte sich vor, öffnete das Papier, nahm es nach sorgfältiger Prüfung zur Feder und begann zu schreiben.

Major Culverson ging zum Fenster und blickte auf das heiße, eintönige, sterile Land. „Ich frage mich", murmelte er, „ob das wirklich der Tod des ehrenwerten Ambercrombie ist." Hergan ?"

IX

Das Publikum im Gerichtssaal stand auf und blieb stehen, bis der Richter in seinem schwarzen Seidengewand eintrat und seinen Platz auf der Bank einnahm. Dann nahm das Publikum wieder seinen Platz ein und der Gerichtsschreiber begann, die Verhandlungen des Vortages vorzulesen. Die Zeremonie im Rahmen der Sitzung des Bezirksgerichts der Vereinigten Staaten vermittelte ein beeindruckendes Gefühl majestätischer, imperialer Autorität und eine Atmosphäre ernster, richterlicher Überlegung. Es war die Regierung der Vereinigten Staaten von Amerika, deren Diener der Geist höchster Ordnung und Recht waren, und neben dem Großen Herrscher der Ereignisse war sie die Größte. Es hatte zum Wohle der Menschen das Recht angenommen, zu urteilen und zu sagen, worin die Gerechtigkeit ihrer komplizierten Streitigkeiten lag. Vorher war die Sache jedes Menschen gleich wichtig und jeder Mensch hatte die gleiche Statur; Ob gebunden oder frei, einer stand davor, unbeeinflusst, und mit einer Schulter, die so hoch war wie die Schulter seines Mitmenschen.

Das ist die Theorie. Wenn es scheitert, liegt das daran, dass das Gesetz bestenfalls nur ein menschliches Instrument ist und seine Diener schließlich nur Menschen wie die anderen sind.

Das Gebäude, in dem das Bundesgericht seine Sitzung abhielt, war ein stattliches, ansehnliches Bauwerk und bildete einen seltsamen Kontrast zu der Stadt, in der es stand. Die Stadt war rau, elend, ungehobelt; die vorübergehende Behausung von Menschen, die ständig mit der unerbittlichen *Ananke der Dinge* kämpfen ; im gleichen Gegensatz zu den Beamten dieses Gerichts stand das Publikum im großen Gerichtssaal. Sie waren die Pioniere der Zivilisation; eine bunte Masse, in der das Beste und das Schlechteste der menschlichen Gesellschaft vermischt und vermischt war. Die meisten von ihnen waren braungebrannte, bärtige, furchtlose Beispiele des unerbittlichen Gesetzes des Überlebens des Stärksten, aber nicht alle. Einige waren die rücksichtslosen Vorboten jener zähen Laster, die unmittelbar auf das Imperium folgen – Teufel, die zu schurkisch waren, um in den Städten des Ostens geduldet zu werden, und zu mutig und zu vorsichtig, um durch die absichtliche Maschinerie des Gesetzes ausgerottet zu werden .

Dagegen legten die Beamten des Gerichts einige Anzeichen von Politur vor. Sie waren genaue, berechnende Männer, die dazu erzogen wurden, die Ordnung zu respektieren und die Gepflogenheiten des Gesetzes zu befolgen und einzuhalten. Der Kontrast war bedeutsam, und man erinnerte sich und verstand den ständigen erbitterten Konflikt zwischen den Gerichtshöfen des Staates und den Gerichtshöfen der Bundesregierung, der erbittert geführt und noch unentschieden war. Aus einer Sicht war dies das ruhige Tribunal der obersten Macht des Landes, das an der Grenze seiner Gerichtsbarkeit die gleichen Rechte und Rechtsbehelfe gewährte wie in der Hauptstadt selbst, keine Bedingungen bevorzugte und so ausgeglichen wie die Natur handelte.

Andererseits verstand man, wie das abgelegene Commonwealth dieses Gericht für das Tribunal einer weit entfernten kaiserlichen Regierung hielt, die Gesetze und Bräuche durchsetzen wollte, die den Gesetzen und Bräuchen seines Volkes fremd und im Widerspruch zu ihnen standen. Für sie war der Bundesrichter der Statthalter eines Königs, der mit seinem Gefolge durch eine unterworfene Provinz reiste und sein Edikt mithilfe ausländischer Armeen durchsetzte, die in seiner Nähe stationiert waren. Und wenn man von diesem Standpunkt aus zusah, verstand man, warum der Außenpostenstaat dieses Gericht so bitter hasste und woher der heftige Lärm dagegen kam. Man verstand, wie der äußerste Westen unter seinen Anordnungen litt und sie als königliche Mandate eines Kaiserkonsuls anprangerte, und wie der äußerste Süden mit diesem Tribunal kollidierte und mit einem Mahnmal, das wie ein klirrendes Mahnmal ertönte, beim Kongress der Vereinigten Staaten dagegen schrie Glocke.

Daher war der Konflikt leicht zu verstehen und es war leicht zu erkennen, wie groß das Gespenst der Zwietracht war, und es war in der Tat äußerst schwierig, das Problem zu einem glücklichen Ende zu bringen.

Als der Gerichtsschreiber fertig war, rief der Marschall die Jury an und kämpfte tapfer, aber manchmal erfolglos, mit dem wunderbaren Gewirr von Namen. Wäre die Liste dieser Tafel tatsächlich einem Philologiestudenten vorgelegt worden, hätte er keine weitere Geschichte der Zivilisation des Südwestens benötigt. Als der Gerichtsvollzieher geendet hatte, ordnete der Richter an, dass die Geschworenen bis zwei Uhr entlassen werden sollten, und als die Ordnung wiederhergestellt war, drehte sich der Richter um und blickte ernst von der Bank herab.

„Dieses Gericht“, sagte er, „ist bereit, die gestern Nachmittag zur Beratung behandelte Angelegenheit weiterzuverfolgen.“ Es scheint, dass ein gewisser Hiram Martin, ein Bürger und Einwohner des Staates New Mexico, vor diesem Gericht eine Klage gegen Ambercrombie eingereicht hat Hergan und andere, um die Summe von fünfzigtausend Dollar zurückzuerhalten, Geld, wie es heißt, von besagtem Hergan geliehen . Die Erklärung enthielt die Common Counts *in Assumpsit* , bei der anstelle des Einzelblatts ein Schuldschein eingereicht wurde, den der besagte Hergan dem besagten Kläger ausgestellt hatte und der 50.000 Dollar forderte und von einem Randal und einem anderen Culver gebilligt wurde -Sohn. In dieser Note wurde zusätzlich zu dem in solchen Urkunden üblicherweise enthaltenen Sachverhalt dargelegt, dass sie im Einklang mit einer bestimmten

Vereinbarung von gleichem Datum gegeben wurde, die von den Parteien der besagten Note getroffen und eingegangen wurde. Als der Fall zur Verhandlung kam, erschienen die Angeklagten durch ihren Anwalt und reichten ihre Klage ein, in der sie die genannte Vereinbarung vorlegten und behaupteten, dass die genannte Schuldverschreibung für geliehenes Geld gegeben worden sei, um es für ein Glücksspielunternehmen zu verwenden, und daher gesetzlich nichtig. Da es zu diesem Klagegrund keine Streitigkeiten gab, wurde der Fall vor Gericht gestellt, und nachdem die genannte Vereinbarung zugelassen worden war, beantragten die Angeklagten durch ihren Anwalt das Gericht, die Beweise auszuschließen, und wies die Jury an, für die Angeklagten zu ermitteln; Welchen Antrag dieses Gericht geprüft hat, hat sich die Zeit genommen.

„Der Sachverhalt, um den es hier geht, ist unumstritten und die Vereinbarung lässt, da sie in klaren Worten formuliert ist, keine zweifelhafte Auslegung zu. Es scheint, dass der Angeklagte Hergan im Glücksspielhaus eines gewissen Crawley, einem Einwohner dieses Staates, vorsprach und um ein privates Gespräch mit besagtem Crawley und dem Kläger bat; dass Hergan in diesem Interview erklärte, dass er darüber nachdachte, was es ihm gefiel, „ein Öl-Glücksspielunternehmen" zu nennen, und die beiden Männer aufforderte, sich ihm bei dem Unternehmen anzuschließen. Sie lehnten dies ab, schlugen aber vor, Hergan das Geld, das er möglicherweise benötigte, auf einem Schuldschein mit guter Sicherheit vorzustrecken .

„Es scheint, dass es einige Kontroversen über den zu zahlenden Zinssatz gab; und anstelle des höheren Prozentsatzes wurde eine Aufteilung des Gewinns vorgeschlagen. Diese Angelegenheit wurde schließlich dadurch abgeschlossen, dass der Kläger und der besagte Crawley den besagten Betrag vorschossen und dafür die in diesem Fall eingereichte Notiz entgegennahmen und darüber hinaus diese schriftliche Vereinbarung mit dem besagten Hergan schlossen, in der festgelegt ist, dass das Geld Das geliehene Geld soll von besagtem Hergan ausdrücklich zum Zweck eines „Wettbewerbs mit Öl" und zu keinem anderen Zweck verwendet werden. und dass der Kläger und der Crawley ein Achtel des Gewinns erhalten sollten, wenn aus dem Glücksspielunternehmen ein Gewinn resultieren sollte. Es scheint, dass das Geld von Hergan gezahlt und vermutlich für den angegebenen Zweck verwendet wurde. Danach wurde der Wechsel zur Zahlung vorgelegt und gegen die Ablehnung wurde ordnungsgemäß protestiert und später vor diesem Gericht verklagt.

„Die Beklagten behaupten, dass diese Transaktion gegen die öffentliche Ordnung verstößt und dass das Geld, das für einen bekanntermaßen illegalen Zweck geliehen wurde, nicht vor einem Gericht zurückgefordert werden kann, sondern in den Bereich der Sachverhalte fällt, die *par se gelten." ex turfe causa* , für die das Gesetz keinen Rechtsbehelf vorsieht. Im Gegenteil wird vom Anwalt des Klägers darauf hingewiesen, dass die Transaktion zwischen den Parteien dieser Klage völlig kommerziell und harmlos war; dass der Kläger lediglich Geld in einer *gutgläubigen Transaktion* leiht und in keiner Weise an einem rechtswidrigen Verfahren beteiligt ist und dass die bloße Verwendung des Geldes keine Rolle spielt.

„Da das Gesetz dem Wohlergehen und dem Schutz der menschlichen Gesellschaft dient, weigert es sich, bestimmte zwischen seinen Bürgern geschlossene Verträge anzuerkennen und durchzusetzen, wenn diese Verträge auf moralischer Verwerflichkeit beruhen oder mit der guten Ordnung oder den soliden Interessen der Gesellschaft unvereinbar sind.

„‚Niemand‘, erklärt Kanzler Kent in seinen *Kommentaren* , ‚ist verpflichtet oder sollte vor seinen Gerichten einen Vertrag durchsetzen oder für gültig halten, der die öffentlichen Rechte verletzt oder seine Moral verletzt oder gegen seine Politik verstößt oder gegen ein öffentliches Gesetz verstößt.“ .' Daher gelten Verträge, die einen rechtswidrigen oder unmoralischen Hintergrund haben oder dazu neigen, das Gesetz zu verletzen oder die öffentliche Moral zu beeinträchtigen, als *gegen die guten Sitten verstoßend* und sind nichtig.

„Es wird gesagt, dass das Ziel aller Gesetze darin besteht, das Laster zu unterdrücken und das allgemeine Wohl der Gesellschaft zu fördern, und dass es Personen nicht dabei unterstützt, eine Forderung durchzusetzen, die auf deren Verletzung oder Verstoß gegen seine Grundsätze und Vorschriften beruht .“ Es ist nicht erforderlich, dass das Gesetz eine Handlung ausdrücklich verbietet oder anordnet. Es kann dies stillschweigend verbieten oder anordnen. In beiden Fällen ist ein Vertrag, der gegen seine Grundsätze verstößt, nach dem Grundsatz *ex turpi causa non oritur nichtig Aktion* .

„Es kann vorkommen, und das kommt tatsächlich häufig vor, dass der Einzelne durch diese umfassende Rechtspolitik großen Schaden erleidet, aber es wird davon ausgegangen, dass das Wohl des Gemeinwesens über dem bloßen Nutzen des einzelnen Bürgers steht, und zwar dort, wo.“ Da es um das Wohl der gesamten Gesellschaft geht, wird das Gesetz nicht innehalten, um den Schaden zu berücksichtigen, der einer einzelnen Einheit zugefügt wird. Daher die Politik der Regierung in den Erfordernissen des Krieges, wenn Schutz vor Gewalt erforderlich ist, und die Politik der Regierung bei der friedlichen Anwendung des Gesetzes, wenn Schutz vor Lastern erforderlich ist.

„Daher sind Glücksspiele, Wetten und alle Glücksspiel- und Wettverträge und -transaktionen illegal und verstoßen gegen die öffentliche Ordnung, da sie dem Wohlergehen der Gesellschaft zuwiderlaufen, voller Laster sind, mit Demoralisierung behaftet sind und sowohl die Jugend als auch die Jugend korrumpieren im Alter, da sie die Hoffnung auf eine Belohnung ohne Arbeit wecken.

„Es ist bezeichnend, dass die menschliche Gesellschaft in Fragen dieser Art fortschrittlich war. Nach dem Gewohnheitsrecht Englands waren Wetten nicht rechtswidrig oder nicht durchsetzbar, aber das Statut von 9. Anne folgte dem Gewohnheitsrecht und änderte es, und die Statuten von 8. und 9. Victoria änderten es noch weiter, und in den Vereinigten Staaten hat jedes einzelne Commonwealth sein eigenes Gesetz, das dieses Laster angreift.

„Ich denke, es lässt sich bis heute nicht leugnen, dass alle Transaktionen mit Aktien, in Form von Marge, Ausgleich von Differenzen und Zahlung von Gewinnen oder Verlusten, ohne die Absicht, die Aktien zu liefern, ein Glücksspiel- oder Wettgeschäft sind, wie es das Gesetz vorsieht." keine Sanktion und wird nicht in die Tat umgesetzt; und es wurde im Fall Irwin vs. Williar vor dem Obersten Gerichtshof der Vereinigten Staaten entschieden : „Wenn unter dem Deckmantel eines Vertrags über die Lieferung von Waren an einem zukünftigen Tag die eigentliche Absicht darin besteht, auf steigende oder fallende Preise zu spekulieren." und die Ware nicht geliefert werden soll, sondern eine Partei der anderen Partei die Differenz zwischen dem Vertragspreis und dem Marktpreis der Ware zum für die Vertragserfüllung festgelegten Termin zahlen muss, ist das gesamte Geschäft nichts weiter als eine Wette , und ist null und nichtig.' Und dass „Wettverträge in diesem Land im Allgemeinen als illegal und nichtig angesehen werden, was gegen die öffentliche Ordnung verstößt."

„ In der Tat sind die Gerichte des Landes so weit gegangen, den gefährlichen Charakter dieser illegalen Unternehmungen unmissverständlich anzuprangern. Richter Blauford erklärt im Fall Cunningham vs. The National Bank of Augusta, wenn er von diesen als „Futures" bezeichneten Transaktionen spricht: „Wenn es sich nicht um eine Spekulation auf Chancen handelt – eine Wette und Wette zwischen den Parteien, dann sind wir dazu nicht in der Lage." um die Transaktion zu verstehen. Eine Wette auf ein Faro- oder Pokerspiel kann nicht riskanter, gefährlicher oder unsicherer sein. Tatsächlich kann man sagen, dass diese Tiere im Vergleich zu diesem Monster zahm, sanft und unterwürfig sind. Das Gesetz hat sie eingesperrt und in die Höhle getrieben. Sie wurden verboten; Während dieses wilde Tier mit vergoldeten Schildern und brennenden Reklamen mitten im Freien herumlaufen durfte, um das unglückliche Opfer in seine Umarmung von Tod und Zerstörung zu locken. Welche Konsequenzen haben diese „Futures"-Spekulationen? Die treuen Chronisten der damaligen Zeit haben uns, die direkt aus diesen schändlichen Praktiken hervorgegangen sind, darüber informiert, dass es zu Insolvenzen, Benachteiligungen von Amtsträgern, Unterschlagungen, Fälschungen, Diebstählen und Todesfällen kam. Sicherlich wird niemand auch nur einen Moment lang bestreiten, dass eine

Transaktion mit derart schlimmen Folgen nicht unmoralisch, illegal und gegen die öffentliche Ordnung verstößt."

„Soweit sich diese Doktrin auf den Rechtsstreit bezieht, ist es sicher, dass die Parteien verstanden und beabsichtigt haben, dass das geliehene Geld für den Zweck einer illegalen Ölspekulation verwendet werden sollte – ‚ein Glücksspiel mit Öl‘. ‘, wie es in der Vereinbarung heißt, und dass solche Glücksspieltransaktionen gegen die öffentliche Ordnung und das Gesetz des Landes verstoßen. Gelehrte Rechtsanwälte sind jedoch der Ansicht, dass dies alles keinen Einfluss auf den Fall vor Gericht haben kann, da in den bisher zitierten Fällen, in denen diese Rechtsschlussfolgerungen bekannt gegeben wurden, die Prozessparteien die Parteien waren, die miteinander oder füreinander verhandelten, und die Parteien waren direkte Parteien, die an einem rechtswidrigen Glücksspielunternehmen beteiligt sind, und diejenigen, die direkt durch das Unternehmen gewinnen oder verlieren, und nicht ein bloßer Fremder, der einem anderen Geld geliehen hat, um sich an solchen Transaktionen zu beteiligen, und der nur ein unbestimmtes Interesse am Ergebnis hat; und dass das Gesetz nicht zu einem weiteren Unrecht beitragen wird. Dem Beklagten, der ein Unrecht begangen hat, kann es nicht gestattet werden, seine erste unrechtmäßige Handlung als Instrument zur Begehung einer zweiten unrechtmäßigen Handlung zu nutzen.

„Der Einwand ist genial, aber ich glaube, dass die Erklärung von Lord Mansfield im Fall Holman voll und ganz erfüllt wird: ‚Der Einwand‘, sagte der gelehrte Richter, ‚dass ein Vertrag zwischen Kläger und Beklagten unmoralisch oder illegal ist, klingt zu jeder Zeit sehr.‘ krank im Mund des Angeklagten. Allerdings ist der Einspruch nicht seinetwegen zulässig, sondern er basiert auf dem allgemeinen Grundsatz der Politik, von der der Beklagte, wenn ich gestatten darf, im Gegensatz zur wirklichen Gerechtigkeit zwischen ihm und dem Kläger den Vorteil hat sozusagen. Der Grundsatz der öffentlichen Ordnung lautet: *ex dolo malo non oritur Aktion* . Kein Gericht wird einem Mann seine Hilfe gewähren, der seine Klage auf eine unmoralische oder rechtswidrige Handlung gründet. Wenn aus der eigenen Aussage des Klägers oder aus anderen Gründen hervorgeht , dass sich der Klagegrund *ex turpi causa* ergibt oder ein Verstoß gegen ein positives Gesetz dieses Landes vorliegt, sagt das Gericht, dass er keinen Anspruch auf Unterstützung hat. Auf dieser Grundlage geht das Gericht nicht im Interesse des Beklagten vor, sondern weil es einem solchen Kläger nicht seine Hilfe gewähren wird."

„Dieser Anspruch des Klägers auf diese Klage ist aus dem weiteren Grund unbegründet, dass jedes Versprechen, jeder Vertrag oder jede Verpflichtung, deren Erfüllung darauf abzielt, einen rechtswidrigen Zweck oder Zweck zu fördern, voranzutreiben oder in die Tat umzusetzen, selbst nichtig ist und." wird eine Aktion nicht aufrechterhalten. Das Gesetz, das den Zweck verbietet, wird nicht dazu beitragen, die für seine Verwirklichung vorgesehenen Mittel zu fördern. Es ist auch nicht möglich, eine rechtswidrige Handlung zur Grundlage eines gerichtlich durchsetzbaren Vertrages zu machen. Wenn also jemand einem anderen Geld leiht, um ihm die Begehung einer bestimmten rechtswidrigen Handlung zu ermöglichen, und diese Handlung später mit der erhaltenen Hilfe begangen wird, ist der Kreditgeber ein *Partizips criminis* , und das Gesetz wird ihm nicht helfen, für einen solchen Zweck vorgestreckte Gelder zurückzufordern, und noch weniger würde es ihm helfen, wenn er, wie in diesem Fall, ein Interesse am Ergebnis des Unternehmens behalten würde."

Es war sehr ungewöhnlich, dass der Anwalt den Richter bei der Darlegung seines Gutachtens unterbrach, doch zu diesem Zeitpunkt trat der Anwalt von Martin auf den Plan.

„Euer Ehren", sagte er, „dieses Gericht entzieht dem Kläger den Rechtsbehelf und lässt das Unrecht bestehen." Kehrt dieses Gericht die alte Doktrin um, auf der die Theorie der menschlichen Gerechtigkeit ihre ewige Grundlage hat, die alte Doktrin, dass das Gesetz immer Abhilfe für ein Unrecht bietet?"

Der schwache Schatten eines Lächelns huschte über das Gesicht des Richters.

„Diese weise Maxime: , *lex sempre debit remédiant* "', antwortete der Richter, „ist ein riesiger Fehler, der in sehr gutem Rechtslatein formuliert ist. Dem Antrag auf Ausschluss der Beweise wird stattgegeben, und die Jury wird ein Urteil zugunsten der Angeklagten fällen."

———

X

Die Maschine des Gouverneurs marschierte feierlich aus dem Bezirksgericht der Vereinigten Staaten und die breiten Stufen hinunter, der Major an der Spitze, der Exekutive als Zweiter und der ehrenwerte Ambercrombie Hergan bildete die Nachhut, jeder Mann so still und feierlich wie ein japanischer Diplomat. Die Maschine passierte den großen gewölbten Eingang und gelangte direkt auf die andere Straßenseite zum Saloon „The Happy Maria", einer Institution mit einer vielfältigen Vergangenheit. Die Maschine strömte durch die Tür herein und stellte sich so geheimnisvoll vor der Bar auf wie eine Landesdelegation in einer Fraktion.

Der Barkeeper von „The Happy Maria" war ein lahmer Schauspieler aus St. Louis. Als er sich umdrehte und die feierliche Aufführung erblickte, trat er zurück und tippte sich tragischerweise mit den Fingern an die Stirn.

"Ha!" „Es sind Ulfius und Brastias und Sir Bedivere", murmelte er .

Darauf gab es keine Antwort, außer dass der Major seine Hand hob und auf die Flasche „Dougherty" zeigte, die auf dem zweiten Regal neben der Kiste mit „Schrott" und dem Pistolengürtel des Besitzers stand. Der Barkeeper eilte herbei, nahm die Flasche herunter, stellte drei kleine Gläser auf die Bar und begann sie zu füllen. Als er beim dritten Glas angelangt war, hielt er inne und stellte die Flasche ab. Ein verwirrter Ausdruck zeichnete sich auf seinem Gesicht ab. Er steckte seinen Zeigefinger in den Mund und begann zu lispeln:

> „Seien Sie zu zweit oder zu dritt da
>
> der Gesellschaft unseres Königs ?"

Der Major drehte sich gerade noch rechtzeitig um, um einen Blick auf den Gouverneur zu erhaschen, der in einem Telegraphenbüro nebenan verschwand; Dann drehte er sich mit der dramatischen Unbekümmertheit eines Profis auf einer Benefizveranstaltung zum Barkeeper um.

„Schießen Sie weiter, guter Seneschall", rief er; „Es ist der Mann, der heiraten möchte. Er eilt mit der frohen Botschaft zu den Geliebten. Er wird zurückkommen."

(Siehe die berühmte Meinung von Henry St. George Tucker, Präsident des Obersten Gerichtshofs von Virginia, im Leitfall Gallego's Executors vs. Attorney General, 3 Leigh, 450; auch die Meinung von John Marshall, Oberster Richter der Vereinigten Staaten ,

im Fall der Treuhänder der Philadelphia Baptist Association el at. vs. Hart's Executors, 4 Wheaton's US Reports, 330; auch Knox vs. Knox's Executors, 9 W. Va., 125; 2y W. Va., 109, und zitierte Fälle.)

FRAU. VAN BARTON

ICH

Überhaupt ist das", sagte Randolph Mason, „der reinste Unsinn."

Die jüngere Frau Van Bartan richtete sich in ihrem Stuhl auf und blickte den Berater scharf an. Sie war eine Frau von prächtiger Ausstrahlung, mit üppigem, gelbem Haar, schönen Augen und regelmäßigen, klaren Gesichtszügen.

„Meinen Sie, dass es nicht die Wahrheit ist?" Sie fragte.

„ Halbe Wahrheit ", antwortete Mason.

„Dann", sagte die Frau lächelnd, „ist es nur halber Unsinn."

„Madam", sagte Randolph Mason, „wenn Sie meine Hilfe wünschen, müssen Sie die ganze Angelegenheit erklären. Ich entscheide mich nicht dafür, Rätsel zu erraten."

„Ich habe Ihnen erzählt ", begann die junge Frau langsam, „dass mein Mann und ich bei seiner Mutter in einer bestimmten Stadt in Virginia wohnen; dass sein Vater gestorben ist und durch sein Testament sein gesamtes Eigentum der älteren Frau Van Bartan – meiner Schwiegermutter – hinterlassen hat; das war alles wahr."

Der Berater nickte.

„Den anderen Teil", fuhr sie fort, „habe ich versucht, einen ‚hypothetischen Fall' darzustellen – nennen Sie das nicht so?"

Sie zögerte einen Moment.

„Das ist schwer zu sagen, und ich habe nur versucht, mich selbst zu retten, aber ich vermute, dass der Chirurg völlig nutzlos ist, wenn die Wunde nicht vollständig sichtbar ist. Wenn Sie mir zuhören, werde ich es Ihnen erklären. Es ist schwer zu sagen und es tut weh, aber alles steht auf dem Spiel, und wenn ich jetzt verliere , verliere ich alles. Es bedeutet einfach, dass ich für überhaupt nichts ein Opfer nach dem anderen gebracht habe. Man scheut sich davor, sein Herz auf einen Seziertisch zu legen, wo man die Herzklappen feststecken und mit der Spitze eines Skalpells hineinstechen kann, und so kämpft man mit einem Schmerz, bis er schließlich so heftig schmerzt, dass der Experte geholt werden muss. Dann geht man zum Chirurgen, zum Priester oder zum Anwalt und nimmt ein Narkosemittel , während er es herausschneidet."

„Madam", sagte Randolph Mason, „Sie reden wie ein Diplomat: Sie sagen überhaupt nichts."

Die jüngere Frau Van Bartan knöpfte ihren Mantel auf und warf ihn mit der Miene einer Person zurück, die sich letztendlich dazu entschlossen hat, nichts in Reserve zu halten.

„Ich bin seit drei Jahren verheiratet", begann sie, „der Name meines Vaters ist Summers. In den guten Tagen von Virginia war unsere Familie wohlhabend, aber in den letzten Jahren erlebten wir eine Katastrophe nach der anderen , bis die Familie sehr arm wurde und der Versuch, den Anschein von Seriosität aufrechtzuerhalten, wirklich ein zäher Kampf war.

„Ungefähr zu dieser Zeit begann sich die Kohleindustrie in West Virginia zu entwickeln, und unsere Stadt wurde zu einem Produktionszentrum . Dies brachte viele östliche Kapitalisten mit sich, darunter Michael Van Bartan , der große Eisenhütten gründete, mit denen er ein riesiges Vermögen machte. Kurz darauf starb er und hinterließ seine Witwe und einen Sohn, Gerald Van Bartan .

„Diese Frau habe ich nie ganz verstanden. Nach dem Tod ihres Mannes bewahrte sie ihren Landsitz in fast verschwenderischer Pracht, schien aber immer furchtbar enttäuscht von ihrem Sohn zu sein. Er war ein guter, lockerer Kerl, und seine Mutter, eine ehrgeizige, ruhelose Frau, hatte große Pläne für seine Zukunft. Da dies jedoch nicht gelang und sie ein kluger Instinkt war, machte sie sich daran, für ihn eine ehrgeizige Frau zu finden, die wahrscheinlich in der Lage sein würde, dort Erfolg zu haben, wo sie versagt hatte. Doch während die Mutter sich bemühte, eine geeignete Frau für ihre Zwecke auszuwählen, machte mir der Sohn den Hof – und ich heiratete ihn."

Die junge Frau hielt einen Moment inne und die Falten auf ihrem Mund verhärteten sich. Dann fuhr sie fort:

„Er war nicht ganz der Mensch, mit dem ich mein Leben zu verbringen gehofft hatte, aber er hatte Reichtum, und wir waren so erbärmlich arm – und ich bin schließlich der Meinung, dass es einem in dieser Müdigkeit nie erlaubt ist, genau das zu tun, was man sich wünscht Welt. Diese Heirat war für Frau Van Bartan eine herbe Enttäuschung , aber sie war eine Frau mit den Ressourcen einer Kaiserin. Sie kam sofort auf mich zu, begrüßte mich mit der freundlichsten und gnädigsten Höflichkeit als ihre Tochter und begann sofort, mich mit den deutlichsten Beweisen ihres guten Willens zu überschütten. Wir wurden zu ihr auf das Land gebracht, und es wurde alles getan, was eine kluge Frau sich nur vorstellen konnte, um mich völlig unter ihren Einfluss zu bringen und durch mich meinen Mann zu den von ihr gewünschten Anstrengungen zu bewegen. Aber es war alles ein völliger Misserfolg.

Bartan sehr geschätzt und das auch seiner Mutter gesagt. Ich ging bewusst auf sie zu und machte ihr klar, wie vergeblich ihr Ehrgeiz sei und wie sicher es sei, dass er scheitern werde. Ich sagte, wie schwierig es für Männer sei, sich auch nur ein bisschen über ihre Mitmenschen zu erheben; wie es jahrelange Arbeit, Selbstverleugnung und Mut erforderte. Ich erinnerte sie daran, dass mein Mann nicht über die für eine solche Arbeit erforderlichen Eigenschaften verfügte; dass er nicht fleißig und nicht ehrgeizig war, wusste sie genau; dass die Gewohnheiten des Mannes geformt worden waren und diese Arbeit jetzt nicht mehr rückgängig gemacht werden konnte.

„Dann habe ich einen Fehler gemacht wie ein Idiot. Ich sagte, dass Reichtum dazu geführt habe, dass sich diese Gewohnheiten festgesetzt hätten, und dass wir ihn so akzeptieren müssten, wie ihn sein luxuriöses Leben geschaffen habe; dass, wenn er hinausgeworfen worden wäre, um mit der Armut zu kämpfen, einige Qualitäten vielleicht entwickelt worden wären, dass er aber nie gezwungen gewesen wäre, die Notwendigkeit einer Anstrengung zu verspüren, und folglich habe er seine Fähigkeiten nie zum Einsatz gebracht, und das könne er seitdem auch nicht die Notwendigkeit bestand nicht. Ich flehte sie an, den Versuch aufzugeben, da er lästig und völlig aussichtslos sei.

Bartan hörte all dem aufmerksam zu und gab keinen Kommentar ab. Als ich fertig war, lachte sie und sagte, ich hätte ihre Absichten gegenüber ihrem Sohn völlig falsch verstanden; dass sie kein anderes Ziel im Leben hatte, als uns so glücklich wie möglich zu machen, aber dass man nicht sagen konnte, welche Bedingungen eintreten würden, und dass sie ihren Sohn einfach in die Lage versetzt hatte, für sich und mich zu sorgen, falls es jemals nötig sein sollte. Dann streichelte sie mein Haar, wie sie es mit einem Kind getan hätte, und ermahnte mich, mich nicht um Kleinigkeiten zu kümmern. Ich gratulierte mir jetzt selbst, dass die Angelegenheit endlich geklärt war, aber ich habe mich furchtbar geirrt. Ich hatte diese bemerkenswerte Frau schlecht gelesen. Obwohl sie erneut geschlagen wurde, blieb sie unbesiegt und entschloss sich zu einem letzten verzweifelten Schritt. Vielleicht lieferte mein törichtes Geschwätz den Hinweis, aber ich denke, es ist eher wahrscheinlich, dass ihr Meisterhirn den Plan aus einer ihrer Meinung nach verzweifelten Situation heraus entwickelt hat.“

Das Gesicht der Frau war jetzt ernst und sie schien es zutiefst ernst zu meinen.

„Es war der Plan von Frau Van Bartan , meinen Mann und mich davon zu überzeugen, dass zukünftige Armut bevorsteht, aber diesen Eindruck mit hoher Wahrscheinlichkeit zu erwecken, war eine große Schwierigkeit und eine Angelegenheit, die sie voll und ganz zu schätzen wusste. Um dies effektiv zu tun, war es für sie notwendig, in gewisser Weise scheinbar über ihr Eigentum zu verfügen und es gleichzeitig tatsächlich im Besitz zu behalten.

„Das war ein schwieriges Problem, aber schwierige Probleme waren für Frau Van Bartan nicht schlimm , und sie entschied sich schließlich für diesen klugen Plan. Sie würde ein Testament aufsetzen, ihr gesamtes Vermögen bei ihrem Tod der Kirche überlassen, der sie angehörte, und meinen Mann völlig enterben. Dieses Testament könnte die von ihr gewünschte Wirkung haben und sie gleichzeitig in der Nutzung ihres Eigentums ungehindert lassen und die Freiheit haben, dieses Testament zu zerstören oder nach Belieben ein anderes zu errichten. Das ist nun ihr Plan. Wie ich es herausgefunden habe, ist nicht von Bedeutung, da es Teil ihres Plans in dieser Angelegenheit ist, mich ihre Absicht ahnen zu lassen und mich schließlich glauben zu lassen, dass sie beschlossen hat, uns ohne einen Dollar abzuschneiden. Nachdem sie sich für diesen Schritt entschieden hat, wird sie ihn mit dem Geschick einer Meisterstrategin durchführen. Sie wird das Papier von ihrem Rechtsbeistand im Beisein von Zeugen erstellen lassen; Sie wird ihre Absicht den bedeutendsten Menschen unserer Stadt mitteilen und sorgfältig dafür sorgen, dass ihre Tat aus den zuverlässigsten Quellen bekannt wird. Es wird nirgends einen Fehler geben – Frau Van Rartan macht keinen Fehler.“

„Wurde dieses Testament entworfen ?“ fragte Randolph Mason.

„Nein“, antwortete die junge Frau, „aber es wird bald gemacht.“ Frau Van Bartan bereitet nun die öffentliche Meinung auf ihre Tat vor. Sie ist viel zu klug, um sich zu beeilen.“

„Ich sehe darin keine Gefahr“, sagte Mason, „da es nicht die Absicht dieser Frau ist, ihren Sohn wirklich zu enterben.“ Letztendlich wird sie dieses Dokument vernichten oder ein neues anfertigen.“

„Aber“, sagte die junge Frau und beugte sich in ihrem Stuhl nach vorne, „Mrs. Van Bartan leidet an einem Aortenaneurysma und kann jeden Moment tot umfallen. Das will sie nicht glauben, und obwohl sie von renommierten Spezialisten untersucht wurde, beteuert sie energisch, dass ihr Gesundheitszustand so gut sei wie nie zuvor in ihrem ganzen Leben.

„Angenommen, sie macht dieses Testament und stirbt plötzlich, ohne die Möglichkeit zu haben, ein weiteres zu machen. Was dann? Ihre Absicht wird uns nicht helfen. Dieser Wille gilt , und wir haben keinen Dollar mehr auf der Welt. Was soll ich nun tun, um uns zu retten? Es nützt nichts, zu Frau Van Bartan zu gehen . Sie ist eine eiserne Frau. Sie hat ihren Plan und der Himmel konnte sie nicht im Geringsten ändern. Ich muss etwas tun. Es hängt alles von mir ab und ich weiß nicht, in welche Richtung ich mich wenden soll. Du musst mir einen Weg zeigen; du musst etwas tun.“

Randolph Mason drehte sich in seinem Stuhl um und sah die junge Frau direkt an.

„Madam", sagte er, „Sie haben es versäumt, mir das Wichtigste zu sagen."

„Oh nein, Sir", antwortete die jüngere Frau Van Bartan , „ich habe Ihnen alles erzählt."

„Auf keinen Fall", sagte Mason. „Sie haben gesagt, dass Herr Van Bartan nicht der Mann ist, mit dem Sie gehofft hatten, Ihr Leben zu verbringen. Wer ist der Mann?"

Die junge Frau blickte auf den Boden und schwieg.

„Nun", sagte sie, „ich weiß nicht, ob ich das so gemeint habe. Ich meinte damit, wissen Sie, dass es noch andere Überlegungen gab, die mich zu dieser Allianz bewegten, die über bloße Zuneigung hinausgingen. Ich habe nicht gesagt, dass ich jemand anderen liebe, oder? Habe ich gesagt, dass ich jemand anderen liebe?"

„Sie weichen aus", sagte Mason unverblümt. „Es ist die Methode des Schwächlings, zu gestehen, und auch die Methode des Narren."

Bartan lief das Blut ins Gesicht und sie blickte entschlossen auf.

„Du verschonst mich überhaupt nicht", sagte sie bitter. „Sie hebeln alles heraus, sogar die Herzinnenhäute. Angenommen, ich hätte jemand anderen geliebt , was hat das mit dieser Sache zu tun? Das ist alles vorbei und vorbei und vorbei. Kann ich nicht zulassen, dass es schläft und vergessen wird? Angenommen, es gäbe noch einen anderen Mann? Angenommen, es gibt jetzt? Muss ich auch sein Herz ausleeren? Kann ich ihn nicht verschonen? Kann ich ihn da nicht außen vor lassen?"

„Ich warte, Madam", sagte Mason ruhig.

Die junge Frau fuhr sich mit der Hand übers Gesicht, als wolle sie etwas entfernen, das an ihr klebte.

„Wenn Sie es unbedingt wissen müssen", sagte sie langsam, „sein Name ist Dalton, Robert Dalton, ein Mitglied der Anwaltskanzlei Carpenter, Lomax & Dalton in unserer Stadt." Er soll ein fähiger Anwalt sein. Er ist der Rechtsberater der älteren Frau Van Bartan , aber ich habe kein Recht, Ihnen das alles zu sagen. Es ist ihm gegenüber ungerecht. und ungerecht zu mir und ungerecht zu uns allen."

„Und er liebt dich immer noch?" sagte Mason mit der unverblümten Gleichgültigkeit eines Chirurgen, der seinen Daumen in eine Wunde steckt.

Die junge Frau warf den Kopf zurück. „Sie sind brutal", rief sie, „so eine Frage zu stellen, und ich wäre ein Narr, ein elender, verachtenswerter Narr, wenn ich antworten würde."

„Aber Sie haben darauf geantwortet, Madam", antwortete Randolph Mason.

Die jüngere Frau Van Bartan bedeckte ihr Gesicht mit den Händen und begann zu schluchzen. Der Berater saß da und beobachtete sie, wie ein Experte ein kompliziertes Maschinenteil beobachten würde, das er testet. In seinem Gesicht war keinerlei Emotion zu erkennen – überhaupt nichts außer dem intensiven Interesse des Experten.

Dann lehnte sich Mason in seinem Stuhl zurück. Das Ergebnis war offenbar zufriedenstellend.

„Ist dieser Mann verheiratet?" er hat gefragt.

Die Frau antwortete nicht. Sie drückte ihre Hände einfach fester gegen ihr Gesicht. Der Berater wartete einige Augenblicke. Dann wiederholte er:

„Ist dieser Mann verheiratet?"

Die Hände der Frau zitterten heftig. „Nein", schluchzte sie, „und er wird es auch nie sein." Die Falten im Gesicht von Randolph Mason wurden tief und entschlossen, wie man die Falten im Gesicht eines großen Arztes gesehen hat, als er sich in einem verzweifelten Fall schließlich vom Bett des Patienten abwandte, um das Rezept zu schreiben, auf dem er sich befand hat entschieden.

„Madam", sagte er mit fester Stimme, die keinen Protest zuließ, „dieser Dalton ist vielleicht ein gebildeter Mensch. Da er der Rechtsberater Ihrer Schwiegermutter ist, liegt die Angelegenheit in seinen Händen. Er steht unter Ihrem Einfluss. Könnte ein Problem einfacher sein ? Du brauchst nur zu ihm zu gehen und ihm zu sagen, was du mir gesagt hast. Er wird wissen, was zu tun ist."

Sie ließ erstaunt die Hände sinken.

"Geh zu ihm? Geh zu ihm?" sie wiederholte.

„Ja", sagte Mason, „und sag ihm die Wahrheit – und warte."

„Aber", begann die jüngere Frau Van Bartan , „wie konnte er mir helfen?" Was könnte--"

„Madam", unterbrach Mason und erhob sich, „das ist Ihr Mantel, glaube ich." Erlauben Sie meinem Angestellten, Ihnen bei Ihrem Wagen behilflich zu sein.

II

Robert Dalton war von gutem Blut und stammte aus hochrangigen Kolonialfamilien. Er war vielleicht Mitte Dreißig, kein gewöhnlicher Mann, gerade wie ein Turm, mit einem kraftvollen Gesicht, in dem jedes Merkmal hervorzuheben schien; Das Haar war eher vorzeitig ergraut und weich und anschmiegsam wie das einer Frau , und dabei hatte er ein so höfisches Benehmen, dass die jungen Menschen und jene anderen, die nicht in der Lage waren, die Natur von Männern zu erraten, Beziehungen sogenannter romantischer Natur mit Mr. Dalton in Verbindung brachten . Diese Schlussfolgerung war völlig falsch und führte zu viel nutzlosem Klatsch. Tatsächlich war Robert Dalton ein strenger und praktisch veranlagter Mann mit umfangreichen juristischen Kenntnissen, dessen Charakter nicht romantischer war als der eines Schiffszimmermanns. In der Ausübung seines Berufes war er immer kalt, klar im Kopf und technisch, er glaubte keinem Menschen und fürchtete sich vor niemandem; In Wahrheit, so behaupteten die Witzbolde, sei seine Höflichkeit an sich schon eine Verleumdung, denn von allen Mitgliedern der Anwaltskammer sei niemand strenger, anspruchsvoller oder unerbittlicher gewesen als Robert Dalton von Carpenter, Lomax & Dalton.

Die geistige Verfassung des jungen Dalton machte ihn als Kanzleianwalt besonders wertvoll, und er übernahm nach und nach diesen Geschäftsbereich, bis er fast vollständig in seinen Händen lag. Jahrelang verfasste er alle schwierigen Schriftsätze, besonders schwierig angesichts der strengen Praxis des Common Law in den Virginias. Ebenso entwarf er alle Urkunden, Testamente und Papiere von ähnlichem Inhalt mit so ungewöhnlicher Sorgfalt und Geschicklichkeit, dass er sich schnell einen Ruf erwarb – einen Ruf, den man normalerweise ein Leben lang aufbauen muss und dessen Wert mehr als ein Rubin ist.

Als die Richter über ihn sprachen , sagten sie: „Wenn Herr Dalton dieses Papier verfasst hat, ist es wahrscheinlich richtig.“

Es wäre unklug, dem jungen Dalton eine völlige Missachtung sozialer Beziehungen zu unterstellen. Der Fehler einer solchen Behauptung würde denen, die ihn kannten, leicht auffallen. Tatsächlich war er meist bei wichtigen gesellschaftlichen Anlässen anwesend und aufgrund seiner magnetischen Natur und dem Charme seines lebhaften Geistes sehr gefragt.

Der Vater des jungen Dalton war ein Mann mit unvorsichtigen Gewohnheiten gewesen und hatte unmittelbar nach dem Tod seiner Frau sein großes Anwesen im Aufruhr der Ausschweifung verschwendet, so dass sein Sohn nichts als ein heruntergekommenes Herrenhaus und einen einzigen

Sklaven erbte. Dieser Diener, ein reiner Neger, war dem jungen Dalton sehr verbunden, und die beiden wohnten weiterhin im Herrenhaus in der Nähe der Vororte der Stadt, wobei der Neger als Koch, Kammerdiener und Alleskönner fungierte. Dieses Herrenhaus war eines der ersten, das in den Virginias gebaut wurde. Es war von einem langen, schlecht gepflegten Rasen umgeben, in dem die alten Asteichen die Erinnerung an eine verstorbene Größe zu bewachen schienen. Das Haus selbst, bedeckt mit der grünen Virginia-Kieferpflanze, war kaum mehr als eine Ruine. Der Putz war von den großen Säulen abgefallen, und die Wände hatten stellenweise Risse, die fast bis zum Dach reichten.

Seltsamerweise hat Robert Dalton nie versucht, das Anwesen zu reparieren, sondern war eher stolz auf seinen verfallenen Eindruck. Diese Aussage ist nicht ganz korrekt. Tatsächlich richtete er den alten Salon als Bibliothek ein, indem er Reihen von Bücherregalen neben langen antiken Spiegeln und Fensterbänken aus Mahagoni aufstellte. Diese Bücherregale waren vollständig gefüllt mit Berichten von Gerichten, späten Zusammenfassungen, den Entscheidungen von Tribunalen letzter Instanz und Bänden nach Bänden über Testamente, Verträge und Körperschaften, aber kaum einen Band über Standard- oder aktuelle Literatur. Für Letzteres hatte er keine Neigung und, wie er entschuldigend erklärte, keine Zeit.

In dieser Bibliothek erledigte Dalton den Großteil seiner juristischen Arbeit und erlangte hier die Freiheit von Unterbrechungen und die Ruhe, die er brauchte.

Als sich die Stadt entwickelte, wurde diese vernachlässigte Vorstadtstraße von den wohlhabenden östlichen Familien übernommen und als modisches Viertel übernommen. Sie pflasterten es bis weit ins Landesinnere hinein und vernichteten rücksichtslos die prächtigen alten Gehöfte und errichteten auf ihren Ruinen prunkvolle Paläste mit gepflegten Rasenflächen, die einen nicht wenig an den zivilisierten Vandalismus erinnerten, der das prächtige Gemälde einer Landschaft und Landschaft aus seinem Rahmen schnitt Ersetzen Sie darin eine praktische und völlig genaue Karte derselben Landschaft.

Diese wohlhabenden Familien haben auch die alten gesellschaftlichen Bräuche dieser Stadt über Bord geworfen und aufwändige Formalitäten eingeführt sowie die Standards für Kleidung und Unterhaltung vernachlässigt.

Die anerkannte Anführerin war Frau LeConte Dean, die Frau eines äußerst wohlhabenden Nagelfabrikanten. Ihre Empfänge waren die gesellschaftlichen Veranstaltungen. Tatsächlich wurde gesagt, dass die Anerkennung durch diesen neureichen Import den sozialen Status eines Menschen bestimmte.

Die Van Bartans waren eine weitere dieser wohlhabenden Familien, die direkt aus der Stadt New York stammten. Der Vater hatte riesige Eisenwerke gegründet, mit denen er fürstliche Einkünfte erzielte. Nach seinem Tod hatte die Frau, eine grimmige Frau mit schrecklichen Vorurteilen, ihren Landsitz weiterhin in prächtiger, wenn auch eher eisiger Eleganz gewahrt. Sie hatten ein Kind, Gerald Van Bartan , einen völlig wertlosen jungen Mann mit extravaganten Gewohnheiten und wandernden Zielen; dennoch eine Jugend voller Großzügigkeit und freundlicher Impulse. Der Junge bereitete seiner Mutter unaufhörlichen Ärger.

Carpenter, Lomax und Dalton waren ihre Anwälte; vor allem Robert Dalton, zu dem sie das größte Vertrauen hatte, und nicht selten sprach sie ausführlich mit ihm über ihre Schwierigkeiten mit ihrem Sohn und geriet zum Schluss meist in große Wut.

Als eines Morgens im Frühherbst bekannt gegeben wurde, dass Gerald Van Bartan in Kürze Miss Columbia Summers heiraten würde, eine junge Dame von großer Schönheit und aristokratischer Abstammung, aber mit bescheidenen und dürftigen Finanzen, war die Stadt zu Recht empört. Robert Dalton hatte dieser jungen Frau viele Jahre lang den Hof gemacht, und die selbsternannten Heiratsvermittler hatten in dieser Angelegenheit schon vor langer Zeit ihr Dekret unterzeichnet und es abgetan, und sie ärgerten sich über das Scheitern ihrer Entscheidung, fast als eine persönliche Beleidigung Pläne.

Daraufhin plapperten müßige Leute über den schweren Schlag für Dalton, sein gebrochenes Herz und anderen Unsinn. Es gab keine Beweise dafür, dass Robert Dalton ein anderes als ein vorübergehendes Interesse an dieser Angelegenheit hatte, und weder seine Partner noch die anderen, die mit dem Mann gut vertraut waren, vermuteten, dass dieser Klatsch irgendein Element der Wahrheit enthielt. Tatsächlich galt er mittlerweile als stoisch bauen.

Rartan zu Ohren kam , nahm sie es mit fast misstrauischer Gelassenheit auf und ließ einige Tage später Dalton, ihren Anwalt, rufen, um sich zu erkundigen, ob sie über ihr gesamtes Eigentum verfügen könne. Darauf antwortete Dalton, dass sie dies könne, da das Eigentum an sämtlichem Eigentum aufgrund des Testaments ihres Mannes auf sie übergegangen sei und von dem sie alleinige Nutznießerin sei. Daraufhin lächelte sie und sagte, dass sie seine Dienste vielleicht später noch benötigen würde.

Die Hochzeit und die Empfänge, die darauf folgten, waren große gesellschaftliche Anlässe, und drei Jahre lang bewirtete Frau Van Bartan die beiden jungen Leute in äußerst verschwenderischer Pracht, wobei die ältere Frau jeden Wunsch der Jüngeren von vornherein erwartete und sie mit den kostbarsten Kleidern und Juwelen überhäufte Übers Ohr gehauen werden.

Während dieser Zeit beobachteten Carpenter und Lomax Dalton genau, konnten jedoch keine Veränderung an dem Mann feststellen, außer vielleicht, dass er in seinen beruflichen Geschäften noch strenger und anspruchsvoller wurde.

So ging es bis zu dem Abend, der für den ersten Herbstempfang von Mrs. LeConte Dean vorgesehen war, ohne Zwischenfälle weiter. Es handelte sich dabei um jährliche Veranstaltungen mit großer Ausgelassenheit und großer Besucherzahl. Die Nacht war ungünstig, rau und neblig, wie es in dieser Gegend normalerweise in Oktobernächten der Fall ist, aber das beeinträchtigte den Anlass in keiner Weise; Tatsächlich blieb es lange Zeit als eines von verblüffender Pracht in Erinnerung.

Bartan eingeladen werden könnte, so weit wie möglich vermied , aber vor allem, weil die Kanzlei gerade einen wichtigen Fall vor dem Bundesgericht hatte, und er war gebeten worden, für den nächsten Tag ein ausführliches Dekret vorzubereiten.

Nachdem er beschlossen hatte, zu Hause zu bleiben, ging Robert Dalton in seine Bibliothek, sammelte seine Nachschlagewerke aus ihren Akten und begann mit der Vorbereitung seiner juristischen Arbeit. Es fiel ihm schwerer, dieses Dekret auszuarbeiten, als er erwartet hatte, und während er sich bemühte, seine komplizierten Angelegenheiten in Ordnung zu bringen, vertiefte er sich immer mehr, bis er sich seiner Umgebung und der verstrichenen Zeit völlig bewusstlos wurde.

Schließlich erhob er sich, um auf einen Bericht Bezug zu nehmen, der außerhalb seiner Reichweite lag. Als er sich dem Licht zuwandte, sah er eine Frau, in die Falten eines langen Partyumhangs gehüllt, die mit der Hand auf der Tür stand, als wäre sie gerade eingetreten. Dalton war so verblüfft, dass er sich buchstäblich die Augen rieb, um sich zu vergewissern, ob er nicht das Opfer einer Illusion war. Daraufhin warf die Frau ihren Umhang zurück und trat an den Tisch, als er zu seinem Erstaunen bemerkte, dass es sich um die jüngere Frau Van Bartan handelte . Für diesen Mann schien sie eine Tochter der Götter in der vollen Blüte ihrer Weiblichkeit zu sein. Der üppige Samtumhang war von ihren nackten Schultern zurückgeworfen, das Ballkleid schmiegte sich wie bauschige Spinnweben an eine Gestalt, die sein grüblerischer Geist vergöttert hatte; Ihre Augen leuchteten, und ihr prächtiges Haar war in lockeren Locken über ihrem zierlichen Kopf gewunden.

Es wäre sehr ermüdend, im Detail darzulegen, was in dieser Oktobernacht geschah; wie die jüngere Frau erklärte, dass sie endlich die Absicht der älteren Frau Van Bartan erraten hatte , und wie sie gehofft hatte, Dalton im LeConte Dean zu sehen, ihn aber nicht gefunden hatte, und indem sie die neblige Nacht nutzte, war unbeaufsichtigt zu seinem Haus gefahren worden, um ihn um Hilfe anzuflehen; wie sie kam und sich neben ihn stellte und auf die schrecklichen Folgen hinwies, die die unnatürlichen Absichten der älteren Frau Van Bartan mit Sicherheit mit sich bringen würden – Folgen, die für sie und die ihren katastrophal waren. Gerald Van Bartan war wertlos, das wusste sie; ihm war nie das Arbeiten beigebracht worden; er war jetzt zu alt, um es zu lernen; es würde Armut, erdrückende Armut und schlimmer als alles andere Scham bedeuten; und ihr Vater, gealtert und gesundheitlich angeschlagen, und die anderen von ihnen, die alle von ihr abhängig waren, wurden hinausgeworfen, um sich in Betteleien, im wahrsten Sinne des Wortes, zu verstecken.

Wie Dalton antwortete, dass er nichts tun könne; Er erinnerte sie daran, dass die ältere Frau Van Bartan eine Frau mit eisernem Willen, strenger Entschlossenheit und unerbittlicher Entschlossenheit war und dass weder er noch ein anderer lebender Mann ihr etwas anhaben konnte. Und wie eine Frau antwortete sie, dass man ihn, Dalton, holen würde, um das Testament zu machen, und dass er sie auf irgendeine Weise retten müsse, sie wisse nicht wie – er würde es wissen, er sei schlau, er sei ein großartiger Anwalt , er könnte sicherlich einen Weg finden; Das wusste sie, und er musste es tun.

Und wie er sich bemühte, ihr zu zeigen, dass er nichts tun konnte – absolut nichts; dass die ganze Sache hoffnungslos war, völlig, völlig hoffnungslos; Und dann, wie sie zu ihm kam und ihre nackten weißen Arme um ihn legte und in sein Gesicht blickte, die großen Tränen glänzten in ihren herrlichen Augen, und sagte, wenn das wahr wäre, dann würde sie vorschlagen, ihm die ganze Wahrheit zu sagen die Wahrheit, dass sie ihn liebte, ihn nur auf der ganzen Welt, ihn immer seit ihrer Kindheit, und dass sie dieses Opfer für andere gebracht hatte; und wie groß, wie schrecklich das Opfer gewesen war, konnten die Menschen nicht begreifen. Wie er eiskalt ihre Arme losließ, obwohl ihm dadurch das Herz zerrissen wurde; obwohl er gerne sein Leben gegeben hätte, wenn er sie, wenn auch nur für einen Moment, in seine Arme genommen und ihr gesagt hätte, wie er sie verstand und wie sehr er sie dafür liebte und wie er sie immer bis zum Ende aller Dinge lieben würde; Sondern stattdessen, wie er sie streng zur Kutsche geführt und gezwungen hatte, ihn zu verlassen, und wie er mit schwindligem Kopf und hämmerndem Herzen wie ein Hammer in die Bibliothek zurückgekehrt war und das Ganze lange durchgekämpft hatte Oktobernacht, bis die Morgendämmerung hereinbrach und die Vögel im Wilden Wein zu zwitschern begannen.

Wie erwartet berief die ältere Frau Van Bartan einige Wochen später Robert Dalton zu sich nach Hause, um ihr Testament vorzubereiten. Bei seiner Ankunft traf er auf Simon Harrison, den Präsidenten der First National Bank, und David Pickney, einen Stahlhersteller, beide prominente Bürger von unbestrittener Integrität; auch der verstorbene Milton South, ein äußerst geschätzter Arzt. Auf Wunsch von Frau Van Bartan erstellte Robert

Dalton das Testament im Beisein dieser drei Personen. Als er fertig war , überreichte er das Papier der Erblasserin, die es daraufhin im Beisein aller vorlas, es für völlig richtig erklärte und ihre Unterschrift anbrachte. Wie üblich bat Dalton die drei Herren, sich mit der Erblasserin zu unterhalten und sich zu vergewissern, dass es ihr geistig gut ginge. Dies taten sie ziemlich ausführlich und nicht ungeschickt , da sie alle vernünftige Männer waren. Danach trugen Harrison und Pickney ihre Namen als Zeugen in der gesetzlich vorgeschriebenen Weise ein. Anschließend steckte Frau Van Bartan das Testament in einen Umschlag, versiegelte es eigenhändig im Beisein aller und übergab es Simon Harrison zur Aufbewahrung bis nach ihrem Tod.

Am siebzehnten Tag des folgenden Dezembers starb Frau Van Bartan plötzlich, und einige Tage später wurde das Testament in ihrer verstorbenen Wohnung von Simon Harrison, dem Testamentsvollstrecker, geöffnet und verlesen. Gerald Van Bartan und seine junge Frau waren anwesend, ebenso wie Robert Dalton und die anderen, die bei der Testamentserstellung beim Verstorbenen gewesen waren. Die älteren Mitglieder der Anwaltskanzlei, Carpenter und Lomax, waren ebenfalls anwesend und auf Wunsch von Harrison der bischöfliche Geistliche, Rev. Mr. Boreland , und sein Anwalt, ein unbekannter Praktiker namens Gouch .

Das Testament war kurz und hinterließ den gesamten Nachlass, real und persönlich, mit ausdrücklicher Benennung für einen religiösen Zweck; und im Geiste eines grimmigen Scherzes, so scheint es, je einen Dollar an ihre „geliebten Kinder", Gerald Van Bartan und Columbia Van Bartan , seine Frau.

Die Wirkung dieses Testaments auf die beiden jungen Leute, während der Testamentsvollstrecker langsam seine Bestimmungen las, würde einen Dramatiker von nicht geringem Format beschreiben müssen. Das Gesicht der Frau wurde gezeichnet und blutleer. Die Knie des Mannes schienen nachzugeben, und er wäre gestürzt, wenn ihm nicht auf einen Stuhl geholfen worden wäre.

Dalton wurde von den Menschen nicht bemerkt, denn er war ein geschickter Schauspieler. Als der Testamentsvollstrecker fertig war, packte Mr. Lomax Carpenter am Arm und fragte mit leiser Stimme, ob ihm irgendein Mangel im Testament aufgefallen sei. Carpenter antwortete, dass dies nicht der Fall gewesen sei, er aber kaum auf die Form geachtet habe, woraufhin Lomax ihn aufforderte, es genau zu untersuchen. Der ältere Berater trat neben Harrison und begann, das Instrument sorgfältig zu untersuchen. Plötzlich blieb er verwundert stehen und legte seinen Finger auf das Papier.

„Dieses Testament", sagte er, „ist völlig ungültig."

Bei diesem Wort schoss Columbia Van Bartan wieder das Blut ins Gesicht. Sie machte zwei Schritte auf Robert Dalton zu, drehte sich dann um und vergrub ihr Gesicht in den Falten eines schweren Vorhangs. Dalton war cool und völlig ungläubig.

„Ich glaube, Sie irren sich sehr, Mr. Carpenter", sagte er leise.

„Falsch?" antwortete der Berater. „Dieses Vermächtnis geht einfach an ‚St. Luke's Episcopal Church.' Diese Organisation ist weder eine Einzelperson noch ein Unternehmen; es hat keine anerkannte rechtliche Existenz. Und dieser Antrag muss aus Mangel an einem Entwickler scheitern."

An dieser Stelle unterbrach Harrison, der ein langsamer, aber sehr vorsichtiger Mann war, und erklärte mit großer Genauigkeit, dass das Testament in allen Einzelheiten genau so sei, wie die Erblasserin es sich gewünscht hatte; dass sogar die verwendete Sprache ihre Sprache war; dass sie gesagt hatte: „St. Luke's Episcopal Church", und dass Mr. Dalton es genau so in die Urkunde geschrieben hatte, wie Mrs. Van Bartan es gesagt hatte, und dass es weder durch Zufall noch durch Absicht einen Fehler geben konnte.

Carpenter wollte gerade antworten, als Lomax seine Aufregung bemerkte, sich zwischen Harrison und den älteren Anwalt stellte und ausführlich darauf hinwies, dass dies alles zweifellos wahr sei, eine unbestimmte religiöse Organisation dies jedoch nach dem Gesetz nicht könne ein Vermächtnis annehmen; dass dies denjenigen, die mit Rechtsgeschäften nicht vertraut sind, nicht allgemein bekannt sei, dass Herr Dalton jedoch hätte wissen müssen, dass Eigentum, das einer religiösen Organisation zugute kommen soll, einem Kuratorium oder einer oder mehreren bestimmten Personen übergeben werden muss , im Testament genannt, für einen bestimmten und genau festgelegten Zweck; dass Mr. Dalton dies hätte erklären sollen und dass seine Niederschrift der genauen Worte von Mrs. Van Bartan ihre Absichten zunichte gemacht und dieses Vermächtnis ungültig gemacht hatte.

„Aber, Sir", warf der Anwalt Gouch pompös ein, „die Absicht der Erblasserin muss bestimmend sein." Ich sehe kein--"

„Kommen Sie, kommen Sie, mein guter Mann", rief Carpenter wütend, „das ist es, was in Virginia als ‚vage und unbestimmte Wohltätigkeitsorganisation' bekannt ist." Solche Vermächtnisse blieben fast ein Jahrhundert lang ungültig. Warum Silas Hart bereits 1790 versuchte, ein solches Gerät zu entwickeln , und John Marshall, Oberster Richter der Vereinigten Staaten, es für ungültig erklärte. Zwanzig Jahre später. Joseph Gallego versuchte, der römisch-katholischen Kirche in Richmond eine ähnliche Wohltätigkeitsorganisation zu vermachen, und Henry St. George

Tucker, Präsident des Obersten Gerichtshofs von Virginia, entschied in einer berühmten Stellungnahme, dass dies scheitern müsse, und von da an bis heute Gerichte dieses Landes haben diesen häufigen Fehler von Erblassern und ihren inkompetenten Beratern weitergegeben."

Robert Dalton blickte besorgt auf. „In welchen Fällen?" er stammelte.

„Was für Fälle!" schrie der Älteste Ratgeber fast, denn er hatte jetzt völlig die Beherrschung verloren. „Was für Fälle, du Mistkerl! Fragen Sie das Allerbeste pettyfogger ; Bitten Sie den einfachsten Friedensrichter, aber katechisieren Sie mich nicht." Und nachdem er sich von diesem Gift befreit hatte, ergriff er seinen Hut und seinen Stock und stolzierte aus dem Haus. Er war zutiefst erzürnt, als er daran dachte, dass ein Mann von Daltons Gelehrsamkeit, ein Mitglied einer hochrangigen Firma, solch einen gewaltigen Fehler begehen sollte.

Später am Tag kam Robert Dalton ins Büro und bat Carpenter und Lomax, sich ihm in sein Privatzimmer anzuschließen. Sein Gesicht zeigte deutlich die Anzeichen einer großen geistigen Anspannung. Als sie zusammen waren, schloss er die Tür, wandte sich an sie und sagte, er habe die Frage, die sie in Bezug auf Frau Van Bartans Testament aufgeworfen hatten, geprüft und sei nun davon überzeugt, dass ihm bei der Abfassung ein gewaltiger Fehler unterlaufen sei das Instrument; dass, da sein Fehler einer mächtigen Kirche einen riesigen Besitz entziehen würde, endlose Kritik eines äußerst erbitterten Charakters folgen würde; dass diese Kritik nicht einfach nur auf die Schultern von Carpenter oder Lomax fiel, und dass er daher beschlossen hatte, sich öffentlich aus der Firma zurückzuziehen. Dagegen erhoben sie kaum einen höflichen Einwand, und Dalton zog sich dementsprechend zurück und veröffentlichte eine entsprechende Ankündigung in den Tageszeitungen.

Die Nachricht von einem großen Fehler im Testament von Frau Van Bartan verbreitete sich mit der erstaunlichen Geschwindigkeit eines bösen Gerüchts in der Stadt. Die Fläschchen bitterer Kritik wurden über Robert Daltons Kopf ausgeschüttet. Männer erklärten, sie hätten schon lange vermutet, dass er ein Betrüger, ein vorgetäuschter Ignorant und ein gefährlicher Patzer sei.

Der Testamentsvollstrecker Harrison versuchte, wie es seine Pflicht war, das wohltätige Vermächtnis auszuführen, scheiterte aber natürlich. Daraufhin erhob sich die Presse der Stadt auf dem Marktplatz wie der selbstgefällige Pharisäer und erklärte, dass heutzutage Fehler Verbrechen seien; dass es für einen Anwalt nicht ausreichte, sein Bestes zu geben – es sei seine Pflicht, es zu wissen; Für einen Anwalt genügt es nicht, ehrlich zu sein, er muss auch kompetent sein; dass das Gesetz ein gelehrter Beruf sei, in dem der Stümper ebenso gefährlich sei wie der Schurke; dass riesige Nachlässe durch Testament übertragen wurden und wie leicht ein Anwalt aus Versehen oder mit Absicht den heiligsten Wunsch des Erblassers zunichtemachen konnte; er konnte den Hilflosen sein Recht, den Unterhaltsberechtigten sein Erbe oder die Wohlfahrtseinrichtung ihrer Gönnerhilfe berauben, und das alles ohne den Anschein kriminellen Unrechts. Das Gesetz bestrafte mit unerbittlicher Härte den Mann, der in Vertrauenspositionen stolperte; Es bestrafte mit schrecklichen Strafen den Mann, der in der Hitze der Leidenschaft stolperte, aber es enthielt keinen Tadel, keinen Stachel, keine Geißel für den Mann, der am Bett des Sterbenden stolperte.

So entstand Robert Daltons Ruhm als Anwalt, der in die tiefste Dunkelheit verdammt war.

III

An einem bestimmten trostlosen Donnerstag im Januar saß Randolph Mason in seinem Büro und beschäftigte sich mit dem Studium einer großen Karte, die auf seinem Tisch ausgebreitet lag. Der Tag war so dunkel und trüb, dass das elektrische Licht über dem Tisch eingeschaltet war. Plötzlich öffnete sich die Tür und der kleine Angestellte Parks schaute herein. Er beobachtete den Anwalt einige Augenblicke aufmerksam; dann zog er seinen Kopf zurück. Ein paar Minuten später öffnete sich die Tür erneut und eine Frau trat ein und schloss sie hinter sich. Sie blieb stehen, blickte den Berater an und beugte sich über seine Karte. Das Bild war nicht gerade erfreulich. Das strähnige, graue Haar des Mannes war zerzaust, und sein muskulöses Gesicht wirkte im grellen Licht noch brutaler als sonst. Dann ging sie zum Tisch und warf eine Zeitung auf die Karte.

„Würden Sie bitte diesen markierten Absatz lesen?" Sie sagte.

Randolph Mason blickte auf. Einen Moment lang erinnerte er sich nicht an die Frau, ihr Gesicht war so weiß. Dann erkannte er seine Klientin, Frau Van Bartan .

„Sie werden mir verzeihen, Madam", sagte er. „Ich bin zutiefst engagiert. Bitte kommen Sie morgen hierher."

„Ich muss bereuen", sagte die Frau, „dass ich überhaupt hierher gekommen bin. Könnten Sie bitte diesen Absatz lesen?" Und sie legte ihren Finger auf die Zeitung.

Der Berater sah sich das Papier an.

„Wir erfahren im heutigen *Herald* ", hieß es darin, „dass Robert Dalton, Esq., nach Japan gesegelt ist, wo er angeblich Rechtsdozent an einer der nationalen Universitäten werden soll." Man wird sich erinnern, dass Herr Dalton der Anwalt ist, dessen dummer Fehler das Testament von Van Bartan ungültig gemacht hat, und es bleibt zu hoffen, dass er sich im Dienste des Mikado als effizienter erweisen wird. Man kann nicht sagen, dass die Bar of the Virginias den Weggang von Herrn Dalton bedauert. Er war völlig inkompetent, und genau solche Männer bringen den Anwaltsberuf in Verruf."

„Was ist mit all dem?" sagte Mason. „Sie haben bekommen, was Sie sich gewünscht haben. Warum belästigen Sie mich mit diesem Unsinn?"

„Ich habe es bekommen", wiederholte die Frau bitter. „Ja, dank Ihres teuflischen Einfallsreichtums habe ich es bekommen, aber zu welchem Preis! Ich habe das Geld, aber es ist mit dem Blut des Herzens eines Mannes beschmiert. Auf der Vorderseite jeder Münze ist der Preis der Ehre eines Mannes eingeprägt. Ich hasse alles. Alles, was ich sehe, jeder Faden, der mich berührt, verspottet mich mit der Schande eines solchen Opfers."

Die Stimme der Frau war fest, aber ihre Figur zitterte wie ein gespannter Draht.

"Gnädige Frau." sagte Randolph Mason, „du nervst mich. Ich habe kein Interesse an diesem Blödsinn."

„Kein Interesse daran?" rief die Frau. „Du hast kein Interesse daran? Warst du es nicht, der es getan hat? Du und der Teufel selbst? Sie haben diesen Plan ausgeheckt. Du sagtest, geh zu ihm und sag es ihm, und er würde wissen, was zu tun ist. Dein teuflischer Einfallsreichtum hat gesehen, was dabei herauskommen würde, aber du hast es mir nicht gesagt. Du hast mir nicht gesagt, dass dieser Mann gezwungen sein würde, sein Leben wie ein Tuch in zwei Teile zu reißen, um mich zu retten, und dass er es tun würde. Glauben Sie, dass ich, wenn ich das gewusst hätte, einen Moment weitergemacht hätte? Glaubst du, ich wollte Reichtum, Bequemlichkeit oder Luxus auf Kosten der Hoffnung, des Ruhms und der Ehre eines Mannes? Ich sage dir, du elender Dummkopf, dieses Ding hat zu viel gekostet."

„Geschwätz", sagte Mason und erhob sich.

„Geschwätz!" schrie die Frau und schlug mit aller Kraft auf den Tisch. „Nennen Sie das Geschwätz? Ich beschuldige Sie – hören Sie, ich beschuldige Sie, das Leben dieses Mannes ruiniert zu haben."

„Madam", sagte Randolph Mason, „das Laster Ihres Fehlers liegt darin, dass Sie einen Priester hätten konsultieren sollen." Mir geht es nicht um den Unsinn von Emotionen."

Dann drehte er sich abrupt um und verließ den Raum.

(Siehe Amer, and Eng. Enc of Law. Bd. II., Seite 926, und die dort besprochenen Fälle; siehe auch State us. Richardson, SC 35 Lawyers' Reports Annotated, 238, und die dort zitierten Fälle; auch Constitution of the Vereinigte Staaten, Art. und die Verfassung von West Virginia Art. 3, Abschnitt 5.)

EINMAL IN GEFAHR

ICH

Der Sheriff blieb auf den Stufen des Gerichtsgebäudes stehen, schob seinen Strohhut von der Stirn, rückte die Brille etwas näher an sein dickes Gesicht heran und begann mit der Miene eines solchen über die Grenzen seiner offiziellen Gerichtsbarkeit nachzudenken dabei, ein Gesetz abzuleiten.

Die kleine Kreisstadt am Tug River schlief in einer Tasche. Dahinter und auf allen Seiten außer dem Fluss befanden sich große Berge, die halb von einem riesigen Nebelmantel verdeckt waren. Auf der gegenüberliegenden Seite, von den großen Kohlekraftwerken der Norfolk and Western Railroad, erhob sich eine dichte und voluminöse Rauchwolke, die sich wie eine schwarze Hand über die Stadt und hinüber zum Nebel des Berges erstreckte. Der Mensch, so schien es, hatte sich mit der Natur verschworen, um die Stadt Welch zu vertuschen und zu verbergen.

„Seltsam", sagte der Sheriff gedehnt, „seltsam, dass ein weißer Mann bereit wäre, ein Paradies wie dieses zu verlassen, und auch noch mit Flusswasser im Magen." Dann kicherte er entspannt.

Dem Sheriff der Grafschaft McDowell ging es gut. Er vertrat den gesamten Rechtsapparat, der südlich des Tug River galt, und er trug die bedeutsame Verantwortung mit der trägen Anmut eines Bankangestellten bei einer deutschen Wohltätigkeitsorganisation .

Der Sheriff war ein Virginianer. Aber, Wunder über Wunder, er war ein Virginianer ohne Titel. Er war einfach WM Carter. Die Aussage ist nicht ganz zutreffend. Unter den Jungen war er „White" Carter. Aber er war kein „Oberst" und kein „Major", und er rühmte sich dieser Auszeichnung und bewahrte sie gut. Der Sheriff war ein angenehm dicker Mann und äußerst freundlich. Seine Augen waren rund, blau und verträumt, und er beeilte sich nie. Er war nie schroff oder ein irritierendes Element. Er schlüpfte leicht in jede Position und füllte sie ohne Wellen aus, so wie Wasser hineingleitet und die Umrisse eines Gefäßes ausfüllt.

Dem Sheriff ging es trotzdem gut. Als er aus seinen verträumten blauen Augen durch seine randlose Nasenbrille einen schwarzen Bergmann ansah, der sein Rasiermesser als Hilfsmittel bei einem Streit benutzt hatte, und den Neger sanft aufforderte, ihn in die Grenzen des Bezirksgefängnisses zu begleiten, war es genauso sicher als das Kommen des Todes, dem der Neger kommentarlos gehorchen würde. Und als der Sheriff sein „trübbraunes" Pferd bestieg und in die Berge hinaufzog, um einen Schwarzbrenner dazu zu bringen, in die Zivilisation zu kommen und seine Rechte der Entscheidung eines Gerichtsgerichts zu unterwerfen, war es eine bekannte Geschichte, dass der Mondscheiner kamen immer.

Für den fragenden Fremden schien kein Mann aus McDowell zu stammen.

Dieser Eindruck entstand dadurch, dass der Fremde an der Eisenbahn und den in ihrem Gefolge entstandenen Kohlenstädten festhielt und in diesen jeder Mann von irgendwoher kam. Die Eisenbahn hatte die Kohlekonzerne ins Land gebracht, und die Kohlekonzerne hatten die Neger ins Land geholt, und so entstanden Städte, und die üblichen rauen, schnellen Methoden der Zivilisation begannen. Dann kamen der Politiker und der Abenteurer und mischten sich fröhlich unter, und von da an war die Grafschaft McDowell industriell und republikanisch, und alles „ging". Aber vor ein paar Jahren, bevor die Sektion die Norfolk and Western Railroad von der Grafschaft Mercer aus durchquerte, gab es in McDowell eine Bevölkerung, die nicht republikanisch war und die nicht „ging". Sie waren langbeinige, träge und im Kampf „handliche Männer". Sie machten Maiswhisky, wann immer sie wollten, und stimmten für die Demokraten, wenn sie es für richtig hielten, und legten niemandem Rechenschaft ab. Der Finanzbeamte kam und schaute zu den großen Bergen hinauf, die mit den riesigen Eichen eines Jahrhunderts bedeckt waren. Er kam zu dem Schluss, dass die Gesetze nicht verletzt wurden, und meldete dies der Regierung. Es war weitaus bequemer, als in dieselben Berge hinaufzusteigen und gar nicht wieder herunterzukommen, oder vielleicht mit einer Eichhörnchenkugel unter den Rippen. Zu seiner Zeit und Generation war der Finanzbeamte ein weiser Mann.

Hier wurde der Bürger geboren, wie es geschah, lebte, wie er konnte, und starb, wie es nötig war, und die Außenwelt wusste nichts davon, kümmerte sich nicht darum und kümmerte sich auch nicht darum. Das waren keine schlechten Menschen. Moralisch gesehen waren sie so gut, wie die Sonne wärmte. Ihr Leben brachte keine Täuschungen hervor. Wenn sie einander liebten, lebten sie zusammen und waren glücklich, und wenn sie einander hassten, kämpften sie aus. Die Fehde war meist übertrieben. Es existierte tatsächlich, aber es endete selten mit mehr als einem „Faustkampf" in einer Getreidemühle, aber als es ernst wurde, wurde es wirklich sehr ernst. Der Bergsteiger schoss immer, um zu töten. Er war kein Mann halber Dinge; Es war ein freier, offener, luftiger Krieg, und vielleicht war es ein genauso gesunder Kampf wie jeder andere. Im schlimmsten Fall war der einheimische Schwarzbrenner ein besserer Mann als der importierte Bergmann im besten Fall. Oben im Nebel der Berge wurden Männer getötet; unten im Rauch der Koksöfen wurden sie ermordet; und zwischen den beiden Worten gibt es einen Unterschied, der so groß ist wie die Ehre eines Volkes.

Der „Mörder" kam in McDowell häufig vor, der Selbstmord jedoch nicht, vielleicht weil sich Männer in den Bergen selten das Leben nehmen. Es handelt sich um einen Trick einer abgestumpften Zivilisation, der in überfüllten Städten vorherrscht und von den Bewohnern der Hügel unbekannt und ungeübt ist . Männer starben in den Bergen, aber durch die Hand anderer.

Der Sheriff war also verwirrt. An diesem Morgen war die Leiche von Brown Hirst, dem Manager der Octagon Coal Company, im schlammigen Wasser des Tug River direkt unterhalb der Brücke aufgesammelt worden. Oben, am Geländer der Brücke, hatte man seinen Mantel und seine Weste gefunden, gefaltet und offenbar sorgfältig über einen Träger gelegt. Die Brücke befand sich sehr hoch über dem felsigen Bach und der Körper des Mannes war schwer zerquetscht – fast bis zur Unkenntlichkeit. Der Mann war offenbar mit der Absicht von der Brücke gesprungen, sich das Leben zu nehmen. All das hatte der Sheriff gehört, als er in die Stadt ritt. Aber die Gerüchte sind düster, das wusste der Sheriff, und er beschloss, sofort zum Staatsanwalt zu gehen. Er wollte die Geschichte direkt von jemandem , der die Fakten aus der Fiktion herauslösen konnte. Auf den Stufen des Gerichtsgebäudes hatte der Sheriff einen Moment innegehalten und einige Beobachtungen gemacht. Aber unten auf der Straße begann sich eine Menschenmenge zu versammeln, und der Sheriff, der sich vollkommen darüber im Klaren war, dass dies eine Aufforderung nach seiner Meinung bedeutete und keine Lust hatte, eine solche zu äußern, drehte sich abrupt um und ging in das Gerichtsgebäude.

Der Ordnungsmann ging gemächlich den Flur entlang zum Büro des Staatsanwalts und trat ein. Ein dünnes, rothaariges Mädchen hämmerte mit der Energie eines Zwei-PS-Motors auf eine Schreibmaschine ein. Konventionalitäten wurden bei McDowell abgekürzt. Der Sheriff schlenderte herein.

„Wo ist Jeb?" er sagte gedehnt.

`Das rothaarige Mädchen hielt einen Moment inne und deutete mit dem Daumen über die Schulter. „Da drin", sagte sie, „beschäftigt." Dann ging sie weiter.

Miss McFadden war Wirtschaftswissenschaftlerin; Sie verschwendete keine Worte. Der Sheriff öffnete die Tür und betrat das Privatbüro. Der Staatsanwalt drehte sich vom Fenster aus um.

„Hallo, Weiß !" Er sagte: „Du bist genau der Mann, den ich will."

„Das deutet darauf hin", sagte der Sheriff gedehnt, „dass Sie ein junger Mensch mit großem Urteilsvermögen sind."

„Wenn man Pferdeverstand braucht", sagte der Staatsanwalt, „ist Ihre Bekanntschaft wertvoll. Zu anderen Zeiten ist es ein Luxus."

vermutlich eine Art intellektuelle Atmosphäre des Equoasinus ."

Der Anwalt nahm einen Stuhl und stellte ihn neben das Fenster.

„Setz dich hin", sagte er, „und höre zu." Dann schloss er die Tür, durchquerte den Raum und begann, den Safe neben seinem Schreibtisch zu öffnen.

Der Sheriff setzte sich demütig hin und richtete seine verträumten blauen Augen auf den jungen Anwalt.

Der Staatsanwalt der Grafschaft McDowell war ein importierter Artikel. Wie die alten Weisen kam er aus dem Osten, aber die Art und Weise seines Kommens war nicht ganz die der frühen Weisen . Der Sheriff war von den Hügeln Virginias heraufgekommen, während der Staatsanwalt vom Meer heraufgekommen war . Nicht, dass dieser junge Spross des Gesetzes ein Seemann oder der Sohn eines Seemanns gewesen wäre, aber an einem bestimmten Sommernachmittag in einem bestimmten eleganten Ferienort warf das Schicksal plötzlich die Spielsachen weg, mit denen sie ihn unterhalten hatte, und das wurde ihm sofort klar Die Welt war eine gewöhnliche Tretmühle statt einer luftigen französischen Tracht.

Es war ein harter Schock, aber das Rückgrat des jungen Mr. Huron war gut, und anstatt den Pier zu verlassen, demonstrierte er um zehn Uhr desselben Abends vor einem gewissen wohlhabenden Senator, der große Kohleinteressen in West Virginia hatte dass es nicht unerheblich klug wäre, einen klugen jungen Mann mit einer juristischen Ausbildung in diese große Bergbauregion zu schicken, um die Landtitel zu untersuchen und die Industrie im Allgemeinen im Auge zu behalten, und wie es im Gesetz heißt, „für andere Zwecke".

Der alte Senator war keineswegs blind für die geringe Wirksamkeit von Rohstoffen, aber unter seinem Mantel verbarg sich ein Herz, und dreißig Minuten nach elf war er überzeugt. Also kam JEB Huron in die Grafschaft McDowell, nagelte seinen Dachschindel fest und trat ins *Getümmel* .

Die Anfangskapitel seiner juristischen Laufbahn waren blaugetönte Geschichten, aber das Material im Rückgrat des jungen Mr. Huron war großartiges Material, und er blieb es. Die Wahrnehmung dieses Mannes des Gesetzes war kein Zwergengeschwätz, und er nutzte sie wie die Weisen. McDowell war um 1600 Republikaner und „White" Carter war der Big Boss; *Post hoc ergo propter hoc* . JEB Huron war ein Republikaner mit langjähriger Zugehörigkeit, und genauer gesagt, er war die rechte Hand von White Carter. Diese Weisheit war nicht ohne Lohn. Der Parteitag, der Carter zum Sheriff und Huron zum Staatsanwalt nominierte, und der Big Boss setzte seinen Mann durch, trotz Spaltungen, Spaltungen und unabhängiger Tickets. Der Staatsanwalt war ein gutaussehender junger Mann mit einem guten Verstand. Er kannte den Wert des Sheriffs und hielt an ihm fest.

Der Staatsanwalt holte einige Papiere aus dem Safe, stellte einen Stuhl heran und setzte sich neben den Sheriff.

„Haben Sie von Hirsts Selbstmord gehört?" er sagte.

Der Sheriff nickte. „Alles bis auf die Antemortem-Notiz", sagte er gedehnt.

Der Staatsanwalt lächelte. „Woher wussten Sie, dass es eine Notiz gab?"

„Jeb", sagte der Sheriff, „das gehört zur Etikette des Selbstmords." Kein Mann vollzieht seinen Abschied ohne ein Abschiedswort. Das wäre schlechte Form, Jeb, furchtbar schlechte Form."

„ Du hast es also erraten?"

„Nein", antwortete der Sheriff müde, „meine grauen Zellen wurden mir aus praktischen Gründen überlassen. Ich folgerte."

Der Staatsanwalt wählte einen Brief aus dem Papierpaket aus und übergab ihn dem Sheriff. Dieser Beamte untersuchte den Umschlag sorgfältig, öffnete ihn dann langsam und breitete den beiliegenden Brief vor sich auf dem Schreibtisch aus.

„Octagon Coal Company", las er langsam, „Bergleute und Verlader von Kohle und Koks, Welch, West Virginia." Robert Gilmore, Präsident. Brown Hirst, Geschäftsführer. Alle Vereinbarungen unterliegen Streiks, Unfällen und anderen Verzögerungen, die unvermeidbar sind oder außerhalb unserer Kontrolle liegen."

Der Sheriff hielt einen Moment inne. „Im Büro geschrieben", bemerkte er, „mit einem Stift auf dem Briefpapier der Firma."

Der Ordnungshüter nahm seine Brille ab, wischte sie sorgfältig ab, setzte sie wieder auf seine Nase und fuhr fort:

„Den Justizbeamten ist mitgeteilt worden, dass ich, Brown Hirst, mir vorsätzlich und zu einem Zeitpunkt, an dem ich im vollen Besitz meiner Fähigkeiten bin, das Leben genommen habe. Meine Gründe hierfür haben keine rechtliche Bedeutung und werden daher zurückgehalten. Diese Aussage erfolgt lediglich zu dem Zweck, jeden Rückschluss auf einen Mord zu verhindern, und zu keinem anderen Zweck . – Brown Hirst."

Der Sheriff steckte den Brief zurück in seinen Umschlag. „Das", sagte er, „ist eine vernünftige Kommunikation. Bei der allerhöchsten Flamme auf dem Altar der Torheit, es ist eine überaus vernünftige Mitteilung. Wo hast du es gefunden?"

„Mantel und Weste", antwortete der Anwalt, „wurden sorgfältig gefaltet über dem Geländer der Brücke liegend gefunden." Dieser Brief befand sich in der Brusttasche des Mantels. Hirst ging seinen Tod offenbar mit großer Bedacht an. Dennoch sehe ich kein Motiv für Selbstmord."

„Jeb", sagte der Sheriff gedehnt, „Sie haben *keine Ahnung* von Motiven. Auf alles muss ein mit roter Tinte eingeprägtes Motiv auf der Vorderseite stehen. Kann man einem unbekannten Bürger nicht erlauben, seinen ständigen Wohnsitz zu ändern und seine Gründe beizubehalten? Der Herr hat in seiner Mitteilung erklärt, dass seine Gründe rechtlich unerheblich seien. Können Sie sich nicht auf das Wort des Herrn verlassen? Das ist nicht höflich, Jeb. Wo ist übrigens die Leiche des Verstorbenen?"

„Im heiligen Zuständigkeitsbereich des Gerichtsmediziners."

„Und die Ärzteschaft?" erkundigte sich der Sheriff.

„Doktor Hart ist drüben in Jacktown und soll dem alten Pap Dolan den letzten Schliff geben, also hat der Gerichtsmediziner einen Wunderdoktor aus Cincinnati hinzugezogen."

Der Sheriff kicherte. „Wunderdoktor", sagte er gedehnt, „ist gut – ist sehr gut."

Der Staatsanwalt nahm die Miene eines Ausbilders an.

„Heiler", begann er, „können zum Zweck einer ordnungsgemäßen Klassifizierung unter drei große Oberbegriffe oder große Abteilungen eingeordnet werden, nämlich ‚Yarb-Ärzte‘, ‚Praktiker der alten Schule‘ und ‚Wunderärzte‘." In die erste Klasse können jene Personen eingeteilt werden, die Heilungen durch die Wirkung von Sträuchern bewirken wollen, sowie die riesige Armee ländlicher Heiler, die entlang der Wasserscheide der Alleghanies als „Bluter" und „Dampfer" bekannt sind. Zur zweiten großen Abteilung gehören jene ernsthaften Fachleute, von denen man annimmt, dass sie in den Geheimnissen der menschlichen Wirtschaft bewandert sind, die für eine festgelegte Vergütung das Böse erraten und eine Chemikalie einschleusen; während die dritte und letzte Abteilung besteht aus jene geheimnisvollen Heiler, die so tun, als würden sie die Auflösung durch wunderbares Wissen oder wunderbare Fähigkeiten, die ihnen eigen sind, vereiteln.

„Die Arten der ersten großen Abteilung befallen den gesamten großen Landstrich, der von einer Waldgrenze begrenzt wird. Die zweite große Klasse herrscht in den Städten und Dörfern und betrifft Kinderwagen, Drogen und düstere Kleidung. Die dritte Klasse ist ein Nebenprodukt der überlasteten Zivilisation und beginnt normalerweise mit einer Patentlotion und endet normalerweise mit einem Krankenhausaufenthalt."

White Carter wedelte mit seiner dicken Hand. „Aber, wenn Euer Ehren, bitte", unterbrach er, „was hat der Wunderdoktor gesagt?"

„Er sagte", antwortete der Staatsanwalt, „dass Brown Hirst einen komplizierten Bruch vom Sustentaculum tali bis zum Tripod von Haller aufwies; und vom Stativ von Haller bis zum Corpus callossum war er ein einfacher Bruch."

„Schrecklich", sagte der Sheriff gedehnt.

„Und er sagte weiter", fuhr der Mann des Gesetzes fort, „dass der suizidale Verstorbene wahrscheinlich an einer Art psychischer Neurose litt."

„ *Domine miserere!* ", murmelte der Ordnungshüter. „ So sagte der reisende Æsculapius aus, und da der Leichenbeschauer nicht in der Lage war, die Fachbegriffe zu buchstabieren, notierte er einfach im Protokoll, dass Doktor Leon Dupey aus Cincinnati nach einer sorgfältigen Untersuchung Brown Hirst für tot erklärt hatte, was weitaus weniger weitschweifig war und völlig wahr."

„Dieser Gerichtsmediziner", bemerkte White Carter, „sollte ein US-Senator aus Kansas sein."

Huron nahm den Zettel und legte ihn zu den anderen Papieren.

„Ich halte es für einen klaren Fall von Selbstmord", sagte er. „Ich habe die Schrift sorgfältig mit diesen Briefen verglichen. Es ist sicherlich die Schrift von Brown Hirst. Dennoch handeln Männer nicht ohne Motiv, und ich sehe kein berechtigtes Motiv."

„Nun", sagte der Sheriff, „ich weiß zufällig, dass die Octagon Coal Company finanziell etwas angeschlagen ist." Wie verhält sich das als Motiv *ad interim?* Oder, wie der Vernünftige sagen würde, in der Zwischenzeit?"

„Gut", sagte der Staatsanwalt. Dann holte er einen Bleistift aus der Tasche und schrieb auf die Rückseite des Briefes des Verstorbenen: „Selbstmord. „Motiv – Geschäftskrise" und legte die Papiere wieder in den Safe.

Der Sheriff stand auf. „Die Legende, der Sie sich angeschlossen haben, ist wahrscheinlich richtig", sagte er gedehnt, „aber die Wege der Vorsehung sind vielfältig und mystisch, und ich denke, ich werde selbst einige Beobachtungen machen." Dann ging er raus.

II

„Es ist ganz offensichtlich", sagte Randolph Mason, „dass Sie in den üblichen Fehler des gewöhnlichen Schurken geraten sind. Wenn Sie die Versicherungsgesellschaften ausrauben wollten, hätten Sie Ihr Ziel leicht erreichen können, ohne dieses Verbrechen zu begehen, und wären somit der Gefahr einer Entdeckung und strafrechtlichen Verfolgung ausgesetzt gewesen."

Robert Gilmore blickte den Berater scharf an.

„Du meinst, ich suche zu spät Rat?"

„Genau", sagte Mason. „Es ist der charakteristische Fehler des Geisteslosen."

„Nun", bemerkte der Kohlebetreiber, „in verzweifelten Situationen verlässt man sich normalerweise auf sich selbst; Konföderierte sind gefährlich und in der Regel ist es schwierig, fachkundigen Rat einzuholen." Dann lachte er. „Ich konnte keine versiegelten Angebote einholen, wie die Sache erledigt werden sollte. Ich habe unter den gegebenen Umständen mein Bestes gegeben und war eher der Meinung, dass ich einen sauberen Job gemacht habe."

„Diese Täuschung", murmelte Mason, „ist bei Amateuren weit verbreitet. Tatsächlich ist es das Zeichen von ihm. Dieses Töten war nutzlos. Du hättest auch ohne weiterkommen können."

Die scharfen, grauen Augen von Robert Gilmore funkelten. „Mich würde interessieren, wie?" er sagte.

„Zu dieser späten Stunde", antwortete Randolph Mason, „kann mein Rat zu diesem Punkt bedeutungslos sein. Nachträgliche Vorschläge sind von geringem Interesse und wertlos. Sie müssen nun über eine Methode nachdenken, mit der Sie sich dauerhaft der Reichweite des Gesetzes entziehen können. Das ist kein Problem von geringer Bedeutung, und um es richtig lösen zu können, muss ich die Einzelheiten dieser misslungenen Angelegenheit kennen."

Das Gesicht des Kohlebetreibers wurde ernst und nachdenklich. „Ich gehe davon aus", begann er, „dass der Priester und der Anwalt es gewohnt sind, Einzelheiten und genaue Geständnisse zu verlangen." Ich bin, wie gesagt, Präsident der Octagon Coal Company und wohne in der Stadt Philadelphia, wo ich seit mehreren Jahren aktiv im Geschäft bin. Mein Leben darüber hinaus kann keine besondere Bedeutung haben. Ich darf jedoch hinzufügen, dass ich einige Jahre lang bei einem ausländischen Unternehmen als Feuerversicherungssachverständiger für den Bundesstaat Illinois angestellt war, bevor ich in den Osten kam. Während meiner Tätigkeit als Schadensregulierer traf ich Brown Hirst zum ersten Mal.

„In einer Vorstadtstadt in der Nähe von Chicago kam es zu einem ungewöhnlich großen Brand, der fast einen ganzen Häuserblock zerstörte, und meine Firma schickte mich los, um den Schaden auszugleichen. Als ich in der Stadt ankam , fand ich Beweise für einen gigantischen Betrug. Der Block war für ein Jahr von einem gewissen John Hall gepachtet worden, um dort ein gigantisches Generalunternehmen mit einer großen Anzahl verschiedener Abteilungen zu betreiben, und fast bevor Hall seine Türen für die Öffentlichkeit geöffnet hatte, kam es zu einem Brand. Es gab keine Erklärung, wie das Feuer entstand. Als die Polizei es zum ersten Mal gegen drei Uhr morgens bemerkte, brannte das Gebäude an einem Dutzend Stellen heftig und war in einem Ausmaß, dass es unmöglich war, es unter Kontrolle zu bringen. Die örtliche Feuerwehr konnte den Verlust des Gebäudes nicht verhindern, doch glücklicherweise setzte ein heftiger Regenschauer ein und verhinderte einen Totalverlust des Bestandes.

„Im Gespräch mit Hall erfuhr ich, dass kein einziges inländisches Unternehmen einen Dollar auf das Gebäude oder seine Aktien hatte, sondern dass die gesamte Versicherung bei meinem Unternehmen und einer Reihe von Londoner Unternehmen, die normalerweise damit verbunden waren und für die ich handelte, getragen wurde allgemeiner Einsteller. Dies war an sich schon ein verdächtiger Umstand, da der Versicherte nicht der Befragung zahlloser Vertreter geeigneter örtlicher Unternehmen ausgesetzt sein würde und in einem Rechtsstreit das Vorurteil gegenüber einem entfernten Unternehmen zu seinen Gunsten hätte, und darüber hinaus hätte er dies auch getan aber ein Mann, mit dem man es zu tun hat.

„Mir fiel sofort auf, dass Hall ein sehr kluger Mensch war. Er redete wenig, aber was er zu sagen hatte, war äußerst frei von jeglicher Andeutung von Verheimlichung oder Dunkelheit. Als ich kam, um den unverbrannten Bestand zu untersuchen, bestätigte sich mein Verdacht. Es bestand ausschließlich aus sperrigen Waren, die offensichtlich im Hinblick auf einen Brand ausgewählt worden waren.

„Die Art und Weise seiner Anordnung im Gebäude war äußerst verdächtig. Die Kisten waren vor den Fenstern so aufgestapelt, dass die Feuerwehrmänner das Gebäude auch dann nicht betreten konnten, nachdem die Eisenstangen durchtrennt worden waren, und die Anordnung war so getroffen, dass, wenn das Feuer voranschreiten und die Fenster geöffnet werden sollten, die … Die Anordnung der Kästen würde als eine Art Rauchabzug fungieren und dadurch das Feuer erheblich unterstützen. Es war alles außerordentlich gut geplant, und wenn das Gebäude vollständig zerstört worden wäre, wäre eine Entdeckung unmöglich gewesen. Nichts außer dem unvorhergesehenen Sturm hätte dies verhindern können, und wenn er nicht gerade dann eingetreten wäre, hätte sich Halls Plan als Meisterwerk seiner Art erwiesen.

„Ich habe die Öffentlichkeit nicht über meine Schlussfolgerungen bezüglich der Brandgefahr des Feuers informiert, aber als die Untersuchung abgeschlossen war, brachte ich Hall zum Hotel und sagte ihm offen, dass meine Firma den Schaden nicht bezahlen würde, da dies ganz offensichtlich sei dass es sich dabei alles um einen raffinierten Betrugsplan handelte. Ich wies auf die verdächtigen Umstände und die unwiderstehliche Schlussfolgerung hin, die sich daraus ergab, und sagte deutlich, dass Hall gut daran tun würde, einer strafrechtlichen Verfolgung zu entgehen.

„Zu meinem größten Erstaunen äußerte der Mann keinerlei Überraschung. Als ich fertig war, stellte er mir ein paar eindringliche Fragen, um die Gründlichkeit meiner Untersuchung zu ermitteln, und als er mit diesem Punkt zufrieden war, rückte er seinen Stuhl in die Nähe des Tisches, an dem ich saß, und schlug in aller Stille vor, die Sache zu teilen die Versicherung, wenn ich mich ihm anschließen und meiner Firma die richtige Art von Bericht erstatten würde.

hervorragend gehandhabt geschickt . Er ging davon aus, dass es sich bei der Angelegenheit lediglich um eine geschäftliche Vereinbarung handelte. Er sagte, dass der Verlust, obwohl er für uns groß sei, für die wohlhabenden Unternehmen, die ich vertrat, eine sehr kleine Sache sei und von ihnen nicht zu spüren sei und niemandem nennenswerten Schaden zufügen würde; dass er sich unendlich viel Mühe gegeben und nicht wenig Geld ausgegeben hatte, um seinen Plan zu perfektionieren, und nichts als der unglückliche Sturm seinen vollständigen Erfolg hätte verhindern können; dass er nie vorgehabt hatte, sich mit irgendjemandem zu trennen, aber ein Zufall, vor dem er sich nicht schützen konnte, hatte mich in die Lage versetzt, mir einen Teil der sehr beträchtlichen Summe zu sichern, für deren Beschaffung er so viel Mühe und Geld aufgewendet und die er gewürdigt hatte Angesichts dieser neuen Notwendigkeit war er durchaus bereit, mir eine gleichmäßige Aufteilung des Gewinns zu gestatten. Zu keinem Zeitpunkt während seines gesamten Gesprächs gab es irgendeine Andeutung einer Gefahr oder irgendeine Anspielung auf ein Risiko, sei es kriminell oder anderweitig.

„Es ist meines Erachtens unnötig, Sie mit weiteren Einzelheiten zu ermüden. Durch das bemerkenswerte Verhalten dieses Mannes schien das Element des erheblichen Unrechts aus der Transaktion zu verschwinden, und das Ergebnis war, dass ich schließlich zustimmte, mich ihm anzuschließen. Er forderte zweihunderttausend Dollar. Ich meldete der Firma einen Totalschaden, empfahl aber einen Vergleich in Höhe von höchstens der Hälfte der geforderten Summe. Dies führte schließlich zu einer Anpassung in Höhe von etwa einhundertzwanzigtausend Dollar, ohne dass auch nur der geringste Verdacht auf eine Interessengemeinschaft zwischen uns bestand.

„Es wäre nicht ganz richtig anzunehmen, dass ich leicht in Halls Plan hineingeraten bin, obwohl es zeitlich gesehen so schien. Finanziell ging es mir schlecht; seit meiner Kindheit war ich arm; immer arm. In Geldangelegenheiten ging immer etwas schief. Jedes Wagnis, das ich eingegangen war, jede Spekulation, auf die ich mich eingelassen hatte, hatte immer verloren, egal wie erheblich es schien. Zu diesem Zeitpunkt war ich vermutlich ziemlich verzweifelt. Auf jeden Fall habe ich mich dem Vorhaben angeschlossen, und es ist ohne Glas gelungen.

„ So lernte ich Brown Hirst unter seinem Pseudonym kennen. Wir teilten das Geld auf und hinterlegten es bei einer Treuhandgesellschaft in Philadelphia, bis wir uns sicher an einem der zahlreichen Unternehmungen beteiligen konnten, die Brown Hirst ständig plante. Aber er war kein Träumer, dieser Hirst. Er kannte die große Tugend der Überlegung voll und ganz und bestand darauf, dass ich mindestens ein Jahr bei der Versicherungsgesellschaft bleibe und mir dann unter irgendeinem vernünftigen Vorwand eine Anstellung bei einer anderen Firma sichere und dann durch einen Irrtum aus dieser Firma entlassen werde, und wenn möglich Ich schließe mich einem anderen an, bis ich mich schließlich aus dem Geschäft zurückziehe, ohne spekulativen Kommentaren ausgesetzt zu sein.

„Diese Vorschläge von Hirst habe ich buchstabengetreu befolgt, und sie führten zu den von ihm erwarteten Ergebnissen. Ich hatte jetzt großes Vertrauen in die Fähigkeiten dieses bemerkenswerten Mannes. Die Details seiner Pläne waren so genau wie die Teile einer Maschine, und sie schienen niemals scheitern zu können.“

Der Kohlearbeiter hielt inne und legte seine Hände auf die Armlehnen seines Stuhls.

„Selbst jetzt“, sagte er, „halte ich Brown Hirst für den fähigsten Mann, den ich je gesehen habe.“

Randolph Mason schwieg. Sein Gesicht zeigte eher Müdigkeit als Interesse. Vielleicht war die Geschichte ihrem Inhalt nach sehr alt für ihn.

„Am ersten Septembertag 1893 kam ich zu Brown Hirst nach Philadelphia, und hier entfaltete er eine Reihe gigantischer Pläne, unter anderem einen zum Betrug von Lebensversicherungsgesellschaften, den wir schließlich in die Tat umsetzen wollten. Ich kann mich nicht mehr daran erinnern, dass ich irgendeinen wirklichen Abscheu vor der moralischen

Verwerflichkeit dieser Unternehmungen empfunden hätte. Der Drahtzieher von Hirst schien jede moralische Überlegung auszumerzen, indem er sie einfach völlig ignorierte. Als Hirst plante, ging es nur ums Geschäft, und gemäß der Geschäftsethik war es genauso richtig wie alles andere. Tatsächlich war der Mann dort, wo ich immer gescheitert war, so phänomenal erfolgreich, dass ich nie im Traum daran dachte, Einwände gegen einen Plan zu erheben, den er für klug hielt.

„Wie ich bereits sagte, war Brown Hirst so praktisch wie eine Blaupause. Er pflegte zu behaupten, dass Eile von allen Lastern das abscheulichste sei und dass es klug wäre, sich vor dem Versuch, unser Vorhaben in die Tat umzusetzen , ein paar Jahre lang mit einem legitimen Geschäft zu befassen, um sich den Ruf eines bedeutenden Unternehmens zu etablieren . Dann wären unsere Pläne frei von der Eingebung der Abenteurer. Außerdem würden wir dadurch eine finanzielle Bonität und ein hohes Ansehen in der Gemeinschaft erlangen, in der wir mit unseren betrügerischen Operationen beginnen sollten, und außerdem könnten wir in der Zwischenzeit unsere Motive vorbereiten, die, wie Hirst behauptete, immer vorgefertigt sein müssten der Öffentlichkeit, als die Ermittlungen begannen.

„Wir haben uns daher entschlossen, ein Kohlekraftwerk in West Virginia zu kaufen und zu betreiben. Dieses Geschäft war für unsere Zwecke besser geeignet als jedes andere, da in diesem Geschäft ständig Männer ein- und ausgingen. Unbekannte Unternehmen wurden in abgelegenen Städten gegründet und lediglich mit einem Agenten betrieben. Gegen das Unternehmen wurde selten in größerem Umfang ermittelt. Wenn es seinen Verpflichtungen umgehend nachkam und es kaum Möglichkeiten für Betrug gab, konnte jeder Manager, der bei seinen Transaktionen einigermaßen schnell vorging, leicht einen guten Geschäftsstatus sichern.

„Wir sicherten uns eine Charter für die Octagon Coal Company, kauften eine Anlage der Norfolk and Western Railroad in der Grafschaft McDowell und begannen mit Brown Hirst als Manager und mir als Präsident der mutmaßlichen Philadelphia-Gesellschaft zu operieren.

„Hirst war, wie ich bereits sagte, ein Mann mit gutem Geschäftssinn und begann schon bald, Geld zu verdienen. Wir vergrößerten das Werk und erlangten bald den Ruf eines bedeutenden Unternehmens. Als klar wurde, dass wir mit einem legitimen Geschäft Erfolg haben könnten, begann ich Hirst zu drängen, sein gefährliches Unterfangen ganz aufzugeben und seine großartigen Fähigkeiten der Entwicklung der Kohleindustrie zu widmen; aber er lachte nur und erinnerte mich daran, dass dies alles Arbeit erforderte und es nicht seine Absicht war, sein Leben bei der Arbeit zu verbringen.“

„Sir", sagte Randolph Mason und unterbrach ihn, „Sie übersehen mit Ihrer Offenlegung die wichtige Angelegenheit. Was war das für eine Versicherung?"

"Oh. „Ja", sagte der Kohlebetreiber, „das war ich auch schon. Unser Plan war es, eine umfassende Lebensversicherung für Hirst abzuschließen, seine Frau zur Begünstigten zu machen und ihn später unter Umständen verschwinden zu lassen, die auf Selbstmord hindeuten."

„Dieser Plan", sagte Mason und zog die schweren Muskeln seines Mundes herunter, „ist uralt und kindisch und abgedroschen; würdig von Fehlern – Kindern und Fehlern."

Gilmore sah den Anwalt einen Moment lang kritisch an, dann fuhr er fort. „Ich gehe davon aus, dass der Plan nicht neu ist, aber ich denke eher, dass Hirsts Plan, ihn in die Tat umzusetzen, etwas neuartig und ungewöhnlich praktisch war. Zu der Zeit, als Hirst diesen Plan vorschlug, war er unverheiratet, und als kaltes Geschäftsangebot sagte er, ich solle mir eine Frau aussuchen – jede Frau, die mir gefällt und die ich als Ehefrau haben möchte, und dann würde er sie heiraten und seine Frau versichern Ich würde mein Leben zu ihren Gunsten aufgeben, ihn verlassen, und danach sollte ich die Frau heiraten und ihm die Hälfte des Versicherungsgeldes nach Spanien oder Italien schicken, wo er beschlossen hatte, seinen ständigen Wohnsitz zu nehmen.

„Er drängte darauf, dass es am besten sei, die Frau über unseren Plan völlig im Unklaren zu lassen, damit sie, falls etwas schief gehen sollte, nicht in eine Verschwörung verwickelt und daher nicht daran gehindert werden könne, die Versicherung als sie abzuschließen." Da ich die einzige Begünstigte bin und kein Betrug ihrerseits möglich ist, würde jeder vermutete oder auch nur gesicherte Betrug meinerseits die an sie zu zahlende Police nicht ungültig machen, vorausgesetzt, er, Hirst, konnte nicht innerhalb von sieben Jahren gefunden werden.

„Daher waren bei der Auswahl der Frau zwei Überlegungen erforderlich. Erstens muss sie so positioniert sein, dass der Verdacht auf sie auf ein Minimum reduziert wird. Und zweitens muss sie eine sein, die ich als Hirsts Witwe heiraten und dadurch an das Geld kommen könnte. Dieser Teil des Plans wurde mir zugeteilt, um ihn fertigzustellen. Sie werden jetzt sehen, mit was für einem bemerkenswerten Mann ich in Verbindung gebracht wurde und wie wenig Rücksicht er auf die Bräuche der menschlichen Gesellschaft hatte.

„Als ich mich mit dem Vermögen dieses Mannes verbündete, habe ich einen fatalen Fehler begangen. Meine Natur war völlig anders. Ich konnte die natürlichen Emotionen nicht ausschließen. Ich konnte den Menschen in mir nicht verdrängen. Ich war keine Rechenmaschine wie dieser Mann Hirst, und bei der Ausführung meines Teils des Unterfangens machte ich einen schrecklichen Fehler.

„Ich gehe jetzt nicht auf die Details dieses Fehlers ein. Für die Zwecke dieses Interviews wird es genügen zu sagen, dass die Frau, die Hirst schließlich heiratete, eine gute Frau war, die Tochter eines ehrwürdigen Kirchenmanns, der in einer der Vorstädte von Philadelphia wohnte – eine so gute Frau, die das kaum hatte Nachdem die Zeremonie stattgefunden hatte, begann ich es zu bereuen, sie mit einem so kaltblütigen Bösewicht wie Brown Hirst in Verbindung gebracht zu haben, und im Laufe der Tage wuchs dieses Bedauern zu einer Leidenschaft der Reue.“

Der Mann hielt einen Moment inne, hob die Ellbogen auf die Armlehnen seines Stuhls und verschränkte die Finger.

„Ich denke, es war eine Art Urteil der Vorsehung“, fuhr er fort, „wenn so etwas in dieser praktischen Zeit geschehen soll.“ Ich ging der Frau so weit wie möglich aus dem Weg und bemühte mich, mein schreckliches Bedauern zu verbergen, aber es war völlig nutzlos. Hirst wusste es, fast bevor ich das Gefühl selbst verstand, und ermahnte mich barsch, daran zu denken, dass es sich hierbei um eine geschäftliche Angelegenheit handelte und nicht um eine rührselige Stimmung. Er hatte keinerlei Gefühle für die Frau, und wenn ich noch ein wenig warten könnte, würde der Plan sie mir sehr bald überlassen. Er warnte mich vor dem, was er gerne als „Unsinn“ bezeichnete, und ich muss zugeben, dass die kraftvolle Persönlichkeit dieses Mannes mich zu einer Art unerschütterlicher Unterwerfung unter seinen Willen zwang. Aber das Gefühl für die Frau blieb und ich hasste Hirst.“

Randolph Mason streckte seine Hand aus, als wollte er den Redner unterbrechen, zog sie aber plötzlich zurück, als ob er es sich noch einmal überlegen wollte, und nickte dem Kohlebetreiber zu, er solle fortfahren. Der junge Mann nahm die Unterbrechung nicht zur Kenntnis.

„Hirst“, fuhr er fort, „ging wie der Meistergeist, der er war, daran, die Einzelheiten seines Plans in die Tat umzusetzen.“ Von Zeit zu Zeit bewarb er sich bei den besten Firmen des Landes um eine Versicherung, und da er als risikofreudig galt, ein Mann mit gutem Körperbau war und ein bedeutendes Unternehmen leitete, sicherte er sich derzeit eine lebenslange Garantie von etwa zweihunderttausend Dollar . Diese Richtlinien führte er zwei Jahre lang durch, um die Selbstmordklausel zu umgehen und sie so nahezu unanfechtbar wie möglich zu machen.

„Nachdem alle Vereinbarungen abgeschlossen waren, rückte die Zeit näher, in der Brown Hirst beschloss, den letzten Schritt in seinem Plan zu machen. Aber während dieser zwei Jahre war mein Hass auf diesen Mann nicht untätig gewesen. Ich weiß nicht genau, was mich besessen hat. Ich hatte keinen guten Grund, ihn zu hassen. Es handelte sich, wie er sagte, alles um eine Geschäftsangelegenheit , um Einzelheiten einer reinen Geschäftsangelegenheit. Aber ich habe ihn gehasst, und man weiß unbewusst nicht, wieso. Ich beschloss, mich an seinem Plan zu beteiligen. Ich beschloss, das Stück real zu machen. Diese Entschlossenheit war kein plötzlicher Entschluss; es schien sich eher langsam zu entwickeln, bis es schließlich zu einem festen Zweck wurde. Das Motiv für den vermeintlichen Selbstmord hatte Hirst keineswegs übersehen. Es drohte der finanzielle Ruin, und im vergangenen Jahr unmittelbar vor seinem Tod zog Brown Hirst große Summen aus dem Geschäft ab, verpfändete und verpfändete schließlich das gesamte Kohlekraftwerk neu und verwendete das Geld für die Bezahlung seiner schweren Versicherungen, so dass ... Zum Zeitpunkt seines Verschwindens befand sich das Unternehmen in einem Zustand des finanziellen Zusammenbruchs, und das Motiv für seine überstürzte Tat wäre hinreichend und völlig offensichtlich.

„Während dieser ganzen Zeit war Hirst in McDowell in der Nähe der Kreisstadt Welch tätig, seine Frau blieb größtenteils bei ihrem Vater, während ich ein Stadtbüro in Philadelphia unterhielt. Am Tag des Verschwindens von Brown Hirst fand am Hauptsitz unseres Unternehmens in West Virginia eine Aktionärsversammlung statt. Es war eine Täuschung, aber es gab Gerüchte, dass der Zweck dieses Treffens darin bestand, Maßnahmen zu besprechen, die unser Unternehmen vor dem drohenden Ruin bewahren würden. Dies war der öffentlich gemachte Zweck. Der eigentliche Zweck bestand darin, meine Anwesenheit in McDowell zu erklären. Es gehörte zu Hirsts Plan, dass ich nach seinem Verschwinden zurückbleiben sollte, um dafür zu sorgen, dass alles ordnungsgemäß arrangiert wurde, und dann einen Nachtzug nach Osten zu nehmen.

„Die vorläufigen Einzelheiten der Arbeit an diesem Abend wurden hervorragend gemeistert. Wir trafen uns im Büro des Unternehmens. Hier schrieb Hirst einen Brief, in dem er erklärte, dass er sich das Leben nehmen würde, und steckte ihn in die Tasche seines Mantels.

„Dann nahm er ein Bündel Männerkleidung mit, mit der er aus dem Land fliehen wollte. Dieses Bündel bestand aus einem schmutzigen Mantel, wie ihn ein gewöhnlicher Bergmann trägt, in dessen Taschen er ein Paket Banknoten gesteckt hatte, einer Brieftasche mit einem New Yorker Wechsel und einem Memorandum seiner Versicherungspolicen.

„Die Hosen, Schuhe und anderen Gegenstände dieser Verkleidung, die Hirst trug, als er das Büro verließ, hatte die Absicht, seinen üblichen Mantel und seine Weste als Beweis für den Selbstmord auf der Brücke über den Tug

River zurückzulassen, und dann den Rest anzunehmen." seiner Tarnung schlüpfen Sie mit dem Nachtfrachtzug nach Cincinnati.

„Vom Büro aus gingen wir direkt zur Brücke über den Tug River, aus dem Grund, wie Brown Hirst immer behauptete, dass es, um perfekte Indizienbeweise zu hinterlassen, absolut notwendig war, so weit wie möglich tatsächlich die Dinge zu tun, die man von der Öffentlichkeit wollte." zu glauben, dass man es getan hat.

„Es war vielleicht zwei Uhr und sehr dunkel und nass. Es hatte fast eine Woche lang geregnet. Dies war weitgehend zu unseren Gunsten, da der Fluss bei Hochwasser tief und schnell ist und eine Leiche, die bei Hochwasser darin verloren ging, wahrscheinlich überhaupt nicht geborgen werden würde, wie wir bemerkt hatten, dass dies bei Holzfällern der Fall war, die nicht selten ertranken; Daher hatten wir die Zeit der stärksten Regenfälle in dieser Region ausgewählt, damit der Verlust des Körpers nicht als eine Angelegenheit von ungewöhnlicher Tragweite erschien.

„Es könnte genauso gut sein, zu erklären, dass, wenn der Tug River durch Regen anschwillt, sein Kanal unterhalb der Brücke nahe seinem Ostufer sehr tief und schnell ist, während sein Bett in der Nähe des Westufers höher ist und mit riesigen Bowlern bedeckt ist; Daher würde alles, was auf der Ostseite in diesen Fluss geworfen würde, wahrscheinlich weggetragen und verloren gehen, während es, wenn es von der Brücke auf der Westseite fallen gelassen würde, wahrscheinlich zwischen den Bowlern stecken bleiben würde und nach dem Abklingen des Hochwassers dort bleiben würde.

„Wie gesagt, es war sehr dunkel und das Rauschen des Wassers hatte etwas Schreckliches, aber wir waren mit der Brücke ziemlich vertraut und nachdem wir uns an die Dunkelheit gewöhnt hatten, konnten wir bald genug sehen, um unsere Zwecke zu erfüllen.

„Hirst ging direkt zum Brückenbogen, der dem Ostufer am nächsten liegt, zog seinen Mantel und seine Weste aus und legte sie über einen der Träger. Dann begann er, das Bündel zu lösen, um die mitgebrachte Bergmannskleidung anzuziehen.

„Das war meine Gelegenheit und ich schlug vor, dass wir zuerst auf die andere Seite gehen, um sicherzustellen, dass die Brücke völlig frei ist. Er legte das Bündel sofort ab und kam auf mich zu. Ich weiß jetzt nicht, ob in ihm irgendeine Spur von Misstrauen vorhanden war, aber ich weiß, dass der Mann auf diesen Vorschlag hin meinen Arm ergriff und versuchte, mir ins Gesicht zu schauen, und ich bin sicher, dass er es entdeckt hätte, wenn es leicht gewesen wäre der Verrat, über den ich nachdachte. Aber es war dunkel und der Mann sagte nichts, außer die Nacht zu verfluchen. Er war überaus profan, dieser Hirst, und als wir die Brücke entlanggingen, während er meinen Arm hielt und mit leisem Flüstern die Nacht verfluchte, hatte ich irgendwie das Gefühl, dass dieser Mann den drohenden Untergang auf eine vage Art und Weise einschätzte. Aber ich vermute, dass dies einfach ein Eindruck war, der aus der enormen Belastung resultierte, unter der ich litt.

„Als wir gerade zurückkehren wollten, zeigte ich auf die weiße Brandung, die sich unten an den Bowlern brach. Der Mann, der immer noch meinen Arm hielt, blieb stehen, beugte sich über die niedrige Reling und spähte ins Wasser. Das war die Position, in der ich ihn gefangen halten wollte, und als ich plötzlich meinen Arm losriss, versetzte ich ihm einen heftigen Schlag zwischen die Schultern. Der Mann stürzte über das Geländer und schnappte wild nach der Luft, doch er stieß keinen Schrei aus. und sein Körper wirbelte nach unten in die Dunkelheit darunter.

„Ich klammerte mich an das Geländer und versuchte zu sehen, wo die Leiche aufschlagen würde, aber es war Torheit. Die Brücke lag hoch über dem rauhen Bach, und ich hörte nur das dumpfe Plätschern, das von seinem Tod kündete.“

Die Augenwinkel des Kohlearbeiters schienen sich zu weiten, und ein stumpfes Grau breitete sich auf seinem Gesicht aus.

„Ich möchte diese Szene loswerden“, fuhr er nach einem Moment fort. „Es ist furchtbar lebendig. Jedes Detail davon scheint in meinem Gehirn fotografiert worden zu sein, und es läuft vor mir ab wie die Bilder in einem Vitascope. Manchmal vergessen Männer solche Dinge, heißt es, aber im Namen des Himmels, wie? Ich kann ihn jeden Moment im Dunkeln sehen. Ich kann sein angespanntes, weißes Gesicht sehen, das vor Entsetzen wahnsinnig ist, ich kann seine umklammernden Hände sehen, ich kann in meiner eigenen Kehle spüren, wie die Angst vor dem Tod in seiner erstickt ist, und ich weiß, ich weiß –“

Randolph Mason schlug mit der geballten Faust heftig auf den Tisch. „Sir“, sagte er scharf, „Sie werden dieses Gefasel freundlicherweise unterlassen. Geben Sie mir die Fakten so, wie sie sich ereignet haben. Sie können Ihr Melodram für die Zwecke eines Urheberrechts reservieren.“

Gilmore zuckte zusammen und warf den Kopf hoch, als hätte ihm jemand plötzlich Eiswasser ins Gesicht geschüttet. Er legte seine Hand an seine Stirn und drückte seine Finger fest auf die Haut; dann richtete er sich in seinem Stuhl auf und schien seine Selbstbeherrschung zu gewinnen.

„Nun“, fuhr er fort, „ich ging zurück zur Ostseite der Brücke, warf das Bündel in den Fluss, schlüpfte auf einem der Nachtfrachter nach Chesapeake und Ohio, und am Mittag desselben Tages … war in Philadelphia.

„An diesem Nachmittag wurde das Stadtamt über den Selbstmord von Brown Hirst informiert. Wir schickten sofort ein Telegramm an den Staatsanwalt, um Einzelheiten zu erfahren, und erfuhren, dass er von der Brücke gesprungen war und in seiner Tasche einen Zettel zurückgelassen hatte, auf dem stand, dass er sich das Leben genommen hatte. Die Leiche wurde auf Anweisung seiner Frau nach Philadelphia verschifft. Fast sofort begann ich, die Angelegenheiten der Octagon Coal Company abzuschließen, und kurz nach der Beerdigung besuchte ich Frau Hirst, um die ersten Schritte für den Einzug der Versicherung ihres Mannes zu unternehmen.

„Hier schlug mein Plan ein und zerfiel wie ein Dampf. Die Frau von Brown Hirst war eine gute Frau, und ich hatte nicht vorhergesehen, was sie unter solchen Umständen tun würde. Zu meinem größten Erstaunen teilte sie mir mit, dass die Vertreter der Versicherungsgesellschaften bei ihr gewesen seien und um Zeit gebeten hätten, den Fall zu untersuchen, und dass sie ihrer Bitte gerne zugestimmt habe. Und dann erklärte sie wie eine Frau, dass es keinen Grund gebe, warum ihr Mann Selbstmord begehen sollte, und dass sie nicht glaube, dass er es getan habe, dass sie aber keinen Dollar anrühren würde, wenn er sich absichtlich das Leben genommen hätte des Versicherungsgeldes; dass sie sich mit dem Leben nichts kaufen ließe. Wenn nachgewiesen werden konnte, dass ihr Mann ermordet wurde, wie sie glaubte, dann sah sie keinen Grund, warum sie die Versicherung nicht in Anspruch nehmen sollte; aber wenn es sich andererseits als wahr erweisen würde, dass er geplant hatte, die Lebensversicherungsgesellschaft zu ihren Gunsten zu betrügen, und sich infolge dieses schrecklichen Plans in die Ewigkeit gestürzt hatte, dann würde sie in einem Armenhaus verhungern, bevor sie sie berühren würde ein Penny des Geldes.

„Diese Aussage traf mich mit der vernichtenden Kraft eines Axthiebs. Die Welt schien unter mir wegzubrechen. Ich sah, wie jede Hoffnung auf die Zukunft verschwand. Mir wurde blitzschnell klar, wie man es am Grabrand tun soll, was für einen ungeheuren Fehler ich begangen hatte.“

Auf dem Gesicht des Beraters muss ein Anflug von Verärgerung zu erkennen sein, denn der Kohlearbeiter blieb stehen und bewegte sich unruhig auf seinem Stuhl.

„Ich war kurz davor, Ihre Anweisungen zu vergessen“, erklärte er mit einem Anflug von Entschuldigung in der Stimme. „Es ist ziemlich schwierig, seine Emotionen aus einer verzweifelten, persönlichen Erzählung wie dieser herauszudrängen, obwohl es natürlich Unsinn ist, darüber zu schimpfen.

„Um es kurz zu machen: Ich war völlig außerstande, die Absicht dieser Frau loszuwerden, und als ich in die Stadt zurückkehrte, wusste ich, dass eine unermüdliche Untersuchung beginnen würde. Ich habe nicht darauf gewartet, das Ergebnis dieser Untersuchung zu sehen. Ich weiß, dass die

Versicherungsgesellschaften und diese ungewöhnliche Frau nichts unversucht lassen werden, um herauszufinden, wie Hirst zu seinem Tod kam, und ich bin nicht dumm genug zu glauben, dass sie irgendwann scheitern werden. Ich glaube nicht, dass der ganze Blödsinn über einen Mord aus dem Boden schreit, aber ich bin fest davon überzeugt, dass es fast unmöglich ist, ein Verbrechen zu vertuschen, sodass menschlicher Einfallsreichtum den Mann, der es begangen hat, nicht aufspüren kann.

„Ich bin der Meinung, dass ich nicht für solche Geschäfte bestimmt war. Ich kann nicht in guter Ordnung kämpfen. Für mich ist ein Rückzug eine Flucht. Ich habe alles aufgegeben. Ich habe jeden Plan verworfen. Ich versuche jetzt, mich vor dem Henker oder zumindest vor dem Gefängnis zu retten. Ich habe nicht darauf gewartet, erwischt zu werden; Ich bin sofort zu dir gekommen.“

Der Mann schien sich zu entspannen und in seinem Stuhl zurückzulehnen.

„Jetzt“, fügte er mit der völligen Abhängigkeit eines Patienten hinzu, der auf dem Tisch des Chirurgen liegt, „müssen Sie mich retten.“

Die Augen von Randolph Mason wurden flach, als würden sie von oben herabgedrückt, und die Falten in seinem Gesicht vertieften sich und weiteten sich zu schroffen Furchen.

„Es gibt zwei Methoden, das Gesetz zu umgehen“, sagte er. „Die Flucht *war* von vornherein geplant; und die Flucht *ipso jure* nachträglich. Die erste stellt keine große Schwierigkeit dar und kann leicht von jedem Mann vorbereitet werden, der einigermaßen mit den Gesetzen am Ort seiner beabsichtigten Handlung vertraut ist, und wenn sie geschickt arrangiert wird, muss sie überhaupt kein Risiko beinhalten. Letzteres ist weitaus schwieriger und muss mit einiger Vorsicht gehandhabt werden, um die Gefahr auf ein Minimum zu reduzieren. Im ersten Fall konstruiert man die Fakten so, dass sie den Mängeln des Gesetzes entsprechen, und wenn sie mit einem gewissen Grad an Intelligenz umgesetzt werden, hat der kriminelle Akteur überhaupt nichts zu befürchten, und das Gesetz ist so harmlos wie ein gemalter Teufel.

„Im letzteren Fall muss der Sachverständige die Fakten als Umstände und als Tatbestand des ungeschickten Kriminellen betrachten und sich bemühen, diese vorbereiteten Fakten an die aktuelle Rechtslage anzupassen, was ein weitaus schwierigeres Verfahren ist und nicht selten mit katastrophalen Folgen einhergeht.“ Ergebnisse. Daher das Können einiger Strafverteidiger und die langen technischen Rechtsstreitigkeiten, mit denen die Bücher überfüllt sind.

„Was Sie betrifft, Sir, der Plan, an dem Sie beteiligt waren, war abscheulich geplant und noch abscheulicher ausgeführt. Selbst der dümmste Geheimdienst hätte in jeder infantilen Bewegung von Ihnen und diesem erstaunlichen Patzer Hirst Gefahr erkennen müssen. Sie haben einen alten, überholten Plan voller Gefahren angenommen, und da Sie mit den schrecklichen Gefahren nicht zufrieden sind, haben Sie und dieser geistlose Hirst eine komplizierte Gefahr nach der anderen hinzugefügt, bis Sie schließlich ein Meisterwerk der Idiotie geschaffen haben, das in seinem komplexen Unsinn steckt nähert sich dem Erhabenen.

„Ich frage mich, Sir, dass Sie nicht zu den Behörden gegangen sind und eine Hinrichtung beantragt haben. Es wäre eine passende Fortsetzung Ihrer schrecklichen Fehler."

Das Gesicht des Beraters war hässlich und höhnisch.

„Dass Sie sofort Rat eingeholt haben, ist Ihre einzige intelligente Tat. Es ist eine wunderbare Diskretion, gemessen an Ihrer Erzählung; wunderbar und unerwartet. Hoffen wir, dass Ihre Zeit der geistigen Verirrung vorbei ist."

Dann erhob er sich und blickte auf den Mann herab, der wie viele andere versucht hatte, die Maschinerie der menschlichen Gerechtigkeit aus dem Takt zu bringen, und es einfach geschafft hatte, sich in ihren komplizierten Rädern zu verheddern.

„Um Sie jetzt zu retten", sagte Randolph Mason, „müssen wir schnell handeln. Diese großartigen Versicherungsunternehmen verfügen über den kompetentesten Detektivdienst der Welt. Bei einem solchen Patzer, wie Sie ihn begangen haben, ist es nur eine Frage von ein paar Wochen, bis es ihnen gelingt, Ihnen diesen Mord anzulasten, vielleicht nicht direkt, aber ausreichend, um Ihre Verhaftung zu rechtfertigen, und dann müssen Sie Ihr Risiko mit einer Jury eingehen . Der Mann, der heute hofft, sein Verbrechen gut genug zu decken, um die eifrige und unermüdliche Suche einer großen Lebensversicherungsgesellschaft zu vereiteln, muss von etwas regiert werden, das einer Intelligenz weitaus näher kommt als der, auf die Sie und der verstorbene Hirst angewiesen waren.

„In diesem Stadium Ihres Fehlers gibt es nur zwei Möglichkeiten, Sie völlig außerhalb der Reichweite des Gesetzes zu bringen. Der Tod ist ein Weg, und diesen werden wir überwinden. Den anderen werde ich Ihnen jetzt zu Hilfe bringen. Dabei sind größte Sorgfalt und Eile gefragt. Heute Abend um neun müssen Sie bereit sein, sich ganz in meine Hände zu begeben. Bis dahin werde ich alle Arrangements abgeschlossen haben."

Mason blieb abrupt stehen und legte seine Hand schwer auf den Tisch.

„Nun, Sir", sagte er unverblümt, „wird es für mich völlig sinnlos sein, die in Ihrem Fall notwendigen drastischen Maßnahmen zu ergreifen, es sei denn,

Sie sind bereit, unter meinen Fingern wie eine Maschine zu agieren." Können
Sie das tun?"

„Ja", sagte der Mann und wischte sich den Schweiß aus dem Gesicht.

„Dann", sagte Randolph Mason und öffnete die Tür seines Privatbüros,
„gehen Sie in Ihr Hotel und schlafen Sie; Und bitte, mein Herr, denken Sie
nicht, oder besser gesagt: Versuchen Sie nicht zu denken. Ihre Gedanken
haben, wie gezeigt wurde, keinen Wert für Sie, und ich versichere Ihnen, Sir,
sie werden für mich völlig nutzlos sein."

Dann schloss er die Tür hinter dem weggehenden Verbrecher und ging
zurück zu seinem Schreibtisch.

III

Der Sheriff ritt langsam die schmale Bergstraße hinunter zur Furt über den Tug River – „Jim's Ford", wie die Eingeborenen von McDowell diese Kreuzung schon vor langer Zeit getauft hatten, als die trockene Ginsengwurzel ein gesetzliches Zahlungsmittel für alle öffentlichen und privaten Schulden im Südwesten war. Luftlinie aus der Grafschaft Mercer. Woher der Name kam und weshalb, darüber schwieg die Überlieferung. Zweifellos hatte der ursprüngliche Jim in dieser schroffen Schlucht gelebt und durch Zufall dieser felsigen Furt seinen Namen gegeben, die weiterlebte und ihn verkündete, lange nachdem der Mann in die Hände des Windes geraten war.

Für den Negerbergmann, sieben Meilen oberhalb der Stadt Welch, wurde dieser schroffe Übergang, der von großen Bowlern gespickt war, respektvoll als „Hell's Gap" bezeichnet – respektvoll, aus keinem anderen Grund als dem, dass die Neger abergläubisch waren und das Mammut Die Schlucht, still wie der Grabboden und tief und neblig, außer an den langen Sommernachmittagen, war darauf ausgelegt, jedes düstere Phantom heraufzubeschwören, das im afrikanischen Katalog aufgeführt ist.

Plötzlich zog der Sheriff sein „braunes" Pferd hoch und warf sein Bein über den Sattelknauf. Direkt unter ihm in der Furt des Flusses watete ein Mann ins Wasser – ein großer Bergsteiger mit nacktem Kopf, dessen Kleidung einen ziemlich gleichen Kompromiss zwischen der Barbarei des Dorfes und der Barbarei des Berges verriet. Als Obergewand trug er das rotbesetzte Jagdhemd seiner Väter und Großväter und so weiter; und als Unterbekleidung die blauen Overalls, die man im Landladen für eine Wildkeule oder ein Bündel Felle kaufte. Der Bergsteiger war groß, robust und kräftig – ein angemessener Bewohner für einen solchen Ort.

„Spitler Hamrick", murmelte der Sheriff.

„Bei jedem hinkenden Gott! Der härteste Kiefernknoten in den Bergen von McDowell. Ich frage mich, wonach der alte Wolf sucht."

Dann stützte er sein Knie fester auf den Sattelknauf und ein langsames Lächeln schlich sich über die Gesichtszüge des Sheriffs. „Bei meiner Treue", sagte er gedehnt, „ist es sicher, dass Spitler kein Vere de Vere ist. Wenn jedoch blaues Blut nach hinten liefe und Muskelbündel auf den Schultern, wäre Spitlers Anspruch auf eine fürstliche Abstammung unbestritten."

White Carter blieb abrupt stehen und rückte seine Brille zurecht. Der Bergsteiger hatte ein Bündel aus dem Fluss geholt und wandte sich um, um ans Ufer zu waten. Der Mann sah den Sheriff nicht sofort; er blickte ins

Wasser, um nicht auf den glatten Steinen auszurutschen. Als er das felsige Flussufer betrat, rief der Sheriff. Als der Bergsteiger das Geräusch hörte, ließ er das Bündel fallen und riss eine Winchester, die in der Nähe lag, gegen einen Bowler. Es war eine Handlung nach dem Brauch der Berge. Man bewaffnete sich zuerst und beobachtete anschließend die „Lage des Landes".

White Carter blieb völlig regungslos. „Ich würde nicht schießen, Spitler ", sagte er gedehnt, „das ist vulgär."

Der Bergsteiger ließ den Gewehrkolben auf die Steine fallen und blickte erstaunt auf. „Verrauchte Hölle!" rief der Bergsteiger aus, „das ist der Sheriff." Verrauchte Hölle!" Der Refrain war bei Spitler Hamrick eine nervöse Redewendung.

White Carter steckte seine Hand in die Tasche seines Mantels, holte eine Pfeife heraus, klopfte die Asche aus der Schale und begann sie mit großer Bedachtsamkeit zu füllen. Dieser Akt blieb auch nach dem Tod des roten Mannes erhalten und verkündete den Status eines würdigen Waffenstillstands.

Der Handlungsspielraum verschwand aus Hamricks Gesicht und ließ ihn unbewegt, schwerfällig und erstaunlich gleichgültig zurück. Es war der Stempel des Berges auf seinem Diener, die Stille und die abscheuliche Gleichgültigkeit der schroffen Erde, die sich in die Gesichter der Männer drückte, die an ihrer steinigen Brust um ihr Leben kämpften.

„Heiß", bemerkte der Sheriff, füllte den Kopf seiner Pfeife und drückte den Tabak mit seinem breiten Daumen hinein.

Der Bergsteiger verschränkte die Arme vor der Mündung seines Gewehrs und stützte sich schwer darauf.

„Ja", antwortete er, „warm"

Es war das volle Maß an Begrüßung und das volle Maß an Einführung in alle Angelegenheiten, ob wichtig oder unwichtig, an der Wasserscheide der Alleghanies. In den Bergen beeilte sich niemand mit seiner Rede. Es gab Zeit, vollständig verstanden zu werden, und Zeit, vollständig zu antworten; Was man dann tat, würde man wahrscheinlich nicht so sehr bereuen. In den flachen Ländern sind die Menschen vielleicht nicht so weise.

Der Sheriff zündete ein Streichholz an seinem Sattelrock an, zündete seine Pfeife an und blies eine Wolke blauer Rauchringe über die ruhigen Ohren des „trüben Dun ". Dann nahm er den Pfeifenstiel zwischen seinen Zähnen hervor und blickte auf den einsamen Besitzer von Jims Ford hinab.

„ Spitler ", sagte er gedehnt, „was ist in dem Bündel?"

„Ihr seht mal", antwortete der Bergsteiger mit erstaunlicher Unbekümmertheit.

Der Sheriff legte seine Pfeife zurück und verfiel für einen Moment in Schweigen. Dann sagte er:

„Wo hast du es gefunden, Spitler ?"

„Ich schätze , du hast es gesehen", antwortete der Spross des Hauses Hamrick.

Der Ordnungshüter blickte über seiner Nasenbrille zum blauen Himmel hinauf. Dann blickte er nach unten. „ Spitler ", sagte er leise.

Der Bergsteiger unterbrach ihn. „Sheriff", knurrte er, „der alte Spitler Hamrick duldet kein Geschwätz um den heißen Brei herum." Verrauchte Hölle! Er hat es nie ausgehalten. Die Dinge werden wie folgt aussehen: Ihr könnt hier runterkommen und dieses Bündel holen, dann fahrt ihr weiter. Aber Sie können sich nicht auf Ihr Arschloch einlassen. Verrauchte Hölle! Du kannst dich nicht auf dich herablassen."

In der Rede des Bewohners von Hell's Gap gab es keine Umschreibungen, keinen Trick der Zweideutigkeit, keinen Anflug von Dunkelheit. Er benutzte Worte, um genau das auszudrücken, was er für wahr hielt, und zu keinem anderen Zweck. Das wusste der Sheriff, und andere hatten es gelernt und erinnerten sich an bestimmte lange, glitzernde Narben, die später mit dem roten Flanell ihrer Jagdhemden bedeckt wurden.

White Carter löste sein Knie vom Sattelknauf und rutschte zu Boden. Hier hielt er einen Moment inne, klopfte die Asche aus seiner Pfeife und steckte sie wieder in die Tasche. Dann kletterte er das steile Ufer hinunter zum Fluss. Der Besitzer von Jims Ford schaute mit gewaltiger Gleichgültigkeit zu. Der Sheriff nahm das Bündel wortlos entgegen, kehrte zu seinem Pferd zurück, löste den „Kehlriegel" seines Zaumzeugs und schnallte das Bündel an das Horn seines Sattels. Dann stellte er seinen rechten Fuß in den Steigbügel und drehte sich zum Bergsteiger um.

„ Spitler ", sagte er gedehnt, „wir haben neulich in Tug einen toten Mann gefunden. Ich glaube, das ist sein Mantel."

Der Bergsteiger blickte von der Mündung seiner Winchester auf. „War Blei in ihm?" er hat gefragt.

Der Sheriff warf sein Bein über den Sattel und nahm sein Zaumzeug vom Hals des Pferdes.

„Keine Einschusslöcher", antwortete er.

„Dann", sagte der Riese Hamrick, „ wurde er nicht in den Hügeln getötet."

IV

Es war der erste Montag im Juli, und die Großinquisitoren der Grafschaft McDowell hielten eine anstrengende Sitzung ab. Es war heiß in Welch – so heiß, dass der Sheriff einen Leinenmantel gekauft hatte und zu einem Zehn-Dollar-Ausflug nach Atlantic City aufgebrochen war und den Deputy, Salathiel Jenkins, mit der Grand Jury schmoren ließ. So heiß, dass JEB Huron, vom Commonwealth ernannter Staatsanwalt, zu Ausdrücken griff, die nicht ganz profan waren, aber nahe an der Grenze lagen. So heiß, dass der Vorarbeiter von Charity Fork ständig abscheuliche Anspielungen auf den historischen Ort machte, an dem Lazarus im Schoß Abrahams vorbeizog.

Die Grand Jury war ein Gremium, das völlig im Widerspruch zu seinen inquisitorischen Angelegenheiten stand, besonders an diesem schwülen Montag, als das Quecksilber in den Himmel stieg. Die Mitglieder der Grand Jury hatten ihre Mäntel ausgezogen, ihre Hemden aufgeknöpft und die Ärmel bis zum Anschlag über ihre großen braunen Arme hochgekrempelt. Es war heiß – diese Grand Jury. Aber es war fröhlich und gutmütig, als sich sechzehn Grundherren der Vogtei für einen Tag zur Seite stellten, um den Frieden und die Würde des Staates zu stärken. Diese Grand Jury trug die charakteristische Kleidung des Bauern, des Jägers und des Bergmanns, aber es gab keine Kragen; nicht einmal das „ Billed Shirt" des berüchtigten Berichts. Hätte man von einem Kurzwarenhändler gesprochen oder versucht, seine Waren im Land südlich des Tug River aufzuzählen, wäre er als Lieferant von „grünem Furrin- Geschwätz" angesehen oder als hoffnungsloses Opfer idiotischen Geschwätzes bemitleidet worden.

So verhöhnen Männer die Bräuche ihrer Mitmenschen, wenn sie mit ihren eigenen in Konflikt geraten. Wer diese Grand Jury als Ausstellungsstück betrachtet hätte, hätte es bedauert, dass die wichtigste Modeerscheinung von Delilah in der Grafschaft McDowell nicht weitergegeben worden war, genauso wie sich die Jury gefragt hätte, warum der lustige kleine Mann sein Haar so in der Mitte teilte Er war eine Frau und trug ein enges Band um den Hals und einen steifen Brustpanzer aus Stoff und Stärke über den Rippen, damit er sich wie ein Christ kleiden und es sich bequem machen konnte.

Um zwei Uhr hatte die weise Körperschaft ihre Inquisition abgeschlossen und ruhte sich behäbig aus, während der Vorarbeiter saß. Abe Collister von Charity Fork setzte langsam und unter unendlichem Schmerz seine Unterschrift unter die Anklageschriften. Es war keine leichte Arbeit für jemanden, dessen Finger dick und breit waren und der mit Werkzeugen vertraut war, die im Verhältnis kaum kleiner waren als der Stiel einer Axt oder der Schaft einer Winchester.

Die Gesichtsverzerrungen dieses guten Grundbesitzers, der sich um eine kirchliche Tätigkeit bemühte, hätten ihm Beifall, Reichtum und großes Ansehen in der Besetzung einer Komödie eingebracht. Es war die Art des Schicksals, besser als das Genie es nachahmen konnte, aber kein Publikum zu sehen.

Es ist die Funktion von Körpern dieser Art, streng zu sein, und es ist ihre Art, äußerst liebenswürdig zu sein. Der Staatsanwalt, so wurde behauptet, müsse wissen, was er wolle. Er wurde dafür bezahlt, es zu wissen. Es war seine Sache. Wenn er es für klug hielt, Zeugen zu schicken, die jemanden eines Verbrechens bezichtigten, dann sollte die Anklage gefunden werden. Diese Schlussfolgerung war eine großartige Arbeitshypothese, die mit Expeditionen verbunden war, aber nicht ganz im Einklang mit dem idealen *Recht stand* .

Also ruhte sich die Grand Jury aus, während der Nachmittag voranschritt, während der Skripturist von Charity Fork schuftete und der Staatsanwalt in sein Büro ging, um „zu sehen, ob er noch etwas anderes wollte". Es war zu dieser ruhigen Stunde, als ein nervöser kleiner Mann in das Büro eilte, das von der fleißigen Tochter des Hauses McFadden geleitet wurde, und sich nach Mr. Huron erkundigte. Das rote Genie antwortete, dass er beschäftigt sei. Laut diesem Orakel war der junge Herr Huron immer beschäftigt. Sein ständiger Status war von unermüdlicher Arbeit geprägt – so kontinuierlich wie eine Hypothek und so unermüdlich wie ein Gaszähler.

In diesem Moment kam der Staatsanwalt auf dem Weg zum Saal der Grand Jury. Der kleine Mann stürmte herbei und verlangte eine sofortige Audienz. Die beiden kehrten in ihr Privatbüro zurück und schlossen die Tür. Hier schaute der kleine Mann auf die Uhr und verkündete, dass es schnell gehen müsse, und stürzte sich auf das Thema. Er erklärte mit fast atemloser Schnelligkeit, dass er ein Detektiv aus New York sei und Loomey's Agency vertrete. Während er redete, warf er seinen Mantel zurück und brachte ein Abzeichen zum Vorschein, das Mr. Huron nicht unter die Lupe nahm. Er sagte, dass er am Fall Brown Hirst gearbeitet habe; dass er endlich herausgefunden hatte, dass Hirst von einem gewissen Robert Gilmore, dem Präsidenten der Octagon Coal Company, ermordet worden war; dass er den Fall um Gilmore über die geringste Wahrscheinlichkeit hinaus verschärft hatte; dass Gilmore offenbar auf irgendeine Weise von den vernichtenden Beweisen erfahren hatte, die sich gegen ihn sammelten, und versuchte, das Land zu verlassen; dass er Philadelphia als Viehtreiber verkleidet verlassen hatte und um Mitternacht mit der Chesapeake and Ohio Railroad durch Chareston, West Virginia, fahren würde, und wenn er dann nicht verhaftet würde, würde er wahrscheinlich ganz oder zumindest fliehen , seinen Anhänger den Kosten und der Langeweile einer Auslieferung aussetzen; Daher war der Detektiv nach Welch geeilt, um sofort eine Anklage zu erwirken und nach Charleston zurückzukehren, um den Mann zu verhaften und ihn auf der Grundlage eines rechtsgültigen und unbestrittenen Haftbefehls festzuhalten.

Er erklärte, dass er um drei Uhr aufbrechen müsse, um die Chesapeake and Ohio Railroad rechtzeitig zu erreichen, und beantragte, dass ihm erlaubt werde, sofort vor der Grand Jury zu gehen, von der er erfahren hatte, dass sie gerade tagte.

Der Staatsanwalt hörte erstaunt zu, aber er war ein Mann, der mit den überraschenden Überraschungen strafrechtlicher Ermittlungen vertraut war, und er machte sich daran, mit der Schnelligkeit zu handeln, die die Angelegenheit erforderte. Er ging sofort mit dem Detektiv zur Grand Jury und erklärte, dass er gerade Informationen erhalten habe, die zu dem Schluss führten, dass Brown Hirst ermordet worden sei; dass es sich bei dem Zeugen bei ihm um John Bartlett handelte, einen Detektiv aus New York, der den Fall bearbeitet hatte und umfassende Angaben zum Tatbestand machen würde. Dann fügte er hinzu, dass Herr Bartlett gezwungen sein würde, innerhalb einer Stunde zu gehen, er in sein Büro zurückkehren und eine Anklage wegen Mordes vorbereiten würde. In der Zwischenzeit konnte die Grand Jury feststellen, ob die Informationen ausreichten, um die Anklage aufrechtzuerhalten. Wenn ja, wäre die Anklage fertig und Herr Bartlett könnte ohne unnötige Verzögerung nach Charleston zurückkehren.

Dann zog er sich zurück, und die Grand Jury von McDowell, gestärkt von der plötzlichen Empfindung, vergaß sofort, wie sehr warm es war, und begann, sich in einen Zustand schwerfälliger, tierischer Erwartung zu versetzen.

Der Zeuge Bartlett setzte sich an den Tisch, holte seine Uhr hervor, blickte ängstlich darauf, dann schnappte er das Gehäuse und steckte es wieder in die Tasche.

Der Vorarbeiter legte seine Feder sehr vorsichtig nieder, wischte sein nasses Gesicht mit einem großen roten Baumwolltuch ab und bemühte sich, die Ernsthaftigkeit seiner Position einzunehmen.

„Ihr Name ist Bartlett, Fremder?" sagte der Schriftgelehrte , der das Gefühl hatte, dass es für ihn angemessen sei, die gerichtlichen Ermittlungen in Gang zu setzen, aber er war sich der Methode nicht ganz sicher. „Sie sind ein Detektiv, und ich wette, Sie wissen alles über diesen kleinen Ärger hier?"

Der letzte Teil der Anfrage war eine Aktienfrage an den Vorarbeiter. Den ganzen Tag über hatte dieser Erzinquisitor jedes Verbrechen, von Mord bis hin zu Körperverletzung, als „diesen kleinen Ärger" betitelt. Wenn es südlich von Tug River zu größeren Problemen kam, wurde davon ausgegangen, dass diese nicht in den Geltungsbereich der *Lex Scripta* oder der *Lex Non Scripta* der Grafschaft McDowell fielen.

Der Detektiv sah die Gelegenheit, seine Aussage als Erzählung darzustellen, und nutzte sie. Er beugte sich über den Tisch, versicherte sich der Aufmerksamkeit der Jury und begann zu reden.

Er erzählte, wie er die Sache auf den Punkt gebracht hatte; wie die Octagon Coal Company finanziell am Rande des Ruins stand und dass Gilmore seiner Meinung nach als Präsident das Unternehmen weitgehend bestohlen hatte; dass Hirst diesen Diebstahl endlich vermutet und Gilmore zu McDowell gerufen hatte; wie der gefährliche Mann der Vorladung Folge geleistet hatte, sich im Büro mit Hirst gestritten hatte, ihn schließlich getötet hatte und, um das Verbrechen zu vertuschen, die Leiche zur Brücke getragen und umgeworfen hatte, was die Beweise so arrangierte, dass sie wie ein Selbstmord aussahen. Er malte in grellen Farben den verzweifelten Charakter dieses Mannes Gilmore; Er wies darauf hin, wie sehr der Mörder Hirsts eine Verhaftung fürchtete, als er gerade in dieser Stunde nach Westen eilte, um sich, wie er glaubte, der Reichweite des Gesetzes zu entziehen.

Der Zeuge redete leichtfertig und scharfsinnig, und während er redete, wurde die Jury, die mit den Regeln der Beweisführung nicht vertraut war, empört und verbittert und feuerte das Gefühl der gigantischen Empörung ab.

Plötzlich öffnete sich die Tür und der Staatsanwalt kam mit der Anklageschrift herein.

„Sind Sie bereit, darüber abzustimmen, meine Herren?" er hat gefragt.

Der Vorarbeiter nickte langsam. „Das glaube ich, Jeb", antwortete er.

„Dann", antwortete der Staatsanwalt, „Mr. Bartlett und ich werden uns zurückziehen."

Der Zeuge stand auf und folgte Herrn Huron aus dem Geschworenenzimmer.

Als sich die Tür geschlossen hatte, nahm der Chefinquisitor von Charity Fork die Anklageschrift in die Hand, drehte sie neugierig in seiner schwerfälligen Hand um und legte sie dann mit der Rückseite nach oben auf den Tisch . Dann nahm er seinen Stift und steckte ihn in das Tintenfass.

„Jungs", bemerkte er fröhlich, „das Gute Buch sagt: ‚Niemand soll entkommen, niemand, nicht einer.' Was ist mit diesem hier?"

„Ich denke", sagte Uriah Coburn, Weiser und Philosoph und ehrwürdigstes Mitglied von Injun Run, gedehnt, „ich denke, dass das Good Book richtig läuft, ich denke, wir sollten ihn besser austricksen."

„Flop" war eine treffende Redewendung bei McDowell und bedeutete in der Übersetzung „schwer werfen".

Dem stimmte die Grand Jury mit vielen und unterschiedlichen Zustimmungsmethoden zu. Also nahm das Mitglied von Charity Fork einen neuen Griff zu seinem Stift, schob die Zunge aus dem Mundwinkel und schrieb langsam und mit großer Mühe diese Legende auf die Rückseite der Anklageschrift, groß mit der verletzten Würde des Commonwealth: „Eine echte Rechnung. Abraham Collister , Vorarbeiter."

V

Um 12 Uhr mittags am folgenden Tag war Salathiel Jenkins, Chefstellvertreter des abwesenden Carter, ein redseliger Faktor bei McDowell. Er erklärte mit viel Farbe, wie „ich und Bartlett" den flüchtenden Gilmore aus einem Mitternachtszug geholt und in das Gefängnis von Welch gebracht hatten, wo er nun schmachtete. Wie mutig sie gewesen waren, wie schnell und wie wunderbar erfolgreich sie bei jedem ihrer verzweifelten Schritte waren. Salathiel Jenkins war ein junger Mensch, der sich für die Ökonomie der Natur von großer Bedeutung hielt – eine Meinung, der die Welt insgesamt nicht zustimmte. Der konservative Carter hatte das alles schon vor langer Zeit zum Ausdruck gebracht, als er mit ungeheurer Ernsthaftigkeit bemerkte, dass Salathiel Jenkins nicht weise sei. Aber das Potenzial des Stellvertreters war groß und er redete. Er erklärte, dass der Gefangene einen Rechtsbeistand eingeschaltet habe, mit dem er seit seiner Ankunft in der Stadt Rücksprache gehalten habe. Er erklärte, dass Herr Bartlett dem Staatsanwalt geraten habe, den Fall sofort einer Verhandlung zu unterziehen, um einen Antrag auf Freilassung auf Kaution zu vermeiden und um zu verhindern, dass der Gefangene von einem Komplizen, den er möglicherweise im Osten habe, ungebührlich unterstützt werde.

Er erklärte, dass die Beweise gegen Gilmore erdrückend seien, dass es Zeugen gebe, die etwas über die Angelegenheit wüssten, und dass er die Vorladungen in der Tasche habe.

Er erklärte, dass John Bartlett der größte Detektiv der Republik sei und dass die Tage von Robert Gilmore auf Erden beklagenswert kurz würden. Die Selbstgefälligkeit des jungen Mr. Jenkins sprudelte und sprudelte und weitete sich aus, bis sie drohte, seine anatomischen Proportionen auszubeulen, und er redete und redete. Er äußerte scharfe Kritik darüber, dass Mr. Huron um Zeit für die Prüfung der Beweise gebeten hatte und dass er und der große Bartlett sich bemüht hatten, ihn davon zu überzeugen, dass der Fall sofort vor Gericht gestellt werden sollte, und das hatten sie auch getan hatte große Schwierigkeiten, aber jetzt sei alles in Ordnung, und wenn das Gericht am Morgen zusammentritt, würde der Fall angerufen und vorangetrieben werden, und er rühmte sich der Tatsache, dass er und Bartlett eine große Verantwortung für diese großartige Expedition übernommen hatten.

So kam es, dass der Gerichtssaal am nächsten Morgen so überfüllt war, dass der Richter, als er zu seinem Richterstuhl kam, sich buchstäblich hindurchzwängen musste. Die Einzelheiten des Verfahrens heute Morgen zeigten, dass der Stellvertreter Jenkins zwar gesprochen hatte , aber die Wahrheit gesagt hatte. Nachdem die Akte aufgerufen worden war, erhob sich der Staatsanwalt und beantragte die Einsetzung einer Jury für die Verhandlung im Fall State vs. Gilmore.

Der Richter zeigte sich überrascht über diese ungewöhnliche Eile und deutete an, dass er den Fall auf einen späteren Tag der Amtszeit fortsetzen werde, wenn Einspruch erhoben werde . Zu seiner Überraschung antwortete Gilmores Anwalt jedoch, dass er für den Prozess durchaus bereit sei.

Daraufhin wurde ein Geschworenengericht eingesetzt und die Fortsetzung des Falles angeordnet. Die Eröffnungsrede des Staatsanwalts war offenherzig. Es gab den Verlauf des Falles so wieder, wie er ihn von Bartlett gehört hatte, und gab freimütig zu, dass er nicht in der Lage gewesen sei, die Angelegenheit persönlich zu untersuchen, aber aufgrund seiner Informationen war er überzeugt, dass der Gefangene schuldig war.

Darauf antwortete der Anwalt von Gilmore, dass der Staat an einer gewaltigen Täuschung litt; dass Mr. Gilmore ein Gentleman von Ansehen war und dass es schnell den Anschein erwecken würde, dass es keinen Grund dafür gäbe, seinen Mandanten dem Odium einer strafrechtlichen Verfolgung auszusetzen.

Die Zuschauer waren von dem zahmen Ablauf nicht wenig angewidert. Sie hatten einen scharfen und energischen Kampf mit den verblüffenden Vorstößen und Paraden einer erbitterten Rechtsangelegenheit erwartet. Sie hatten gehofft, das stählerne Knirschen zu hören und zu sehen, wie die Klingen nach vorne schossen, sich bogen und zurückflogen, während der Vorkämpfer des Staates und sein Feind nach einem überlegenen Vorteil strebten. Sie hofften auf das heftige Interesse und den schnellen, scharfen Nervenkitzel, den der erbitterte Kampf eines verzweifelten Verbrechers um seine Freiheit und sein Leben mit sich bringt, und waren empört.

Ihr starker, kämpferischer Geist sympathisierte mit Gilmore und verdammte seinen Rat. In der malerischen Rede eines Auditors von „Dog Skin" heißt es: „Der Anwalt war ein Drückeberger."

Der Fall verlief mit geradezu zur Verzweiflung neigender Langweile.

Der Staatsanwalt ging mit großer Bedachtheit und mit der Miene eines Mannes vor, der einen Blitz in Reserve hält. Er bewies den Tod von Brown Hirst durch den Gerichtsmediziner und andere; er stellte die Geschäftsbücher des Unternehmens vor, aus denen dessen finanzielle Leistungsfähigkeit hervorgeht; und andere Dinge mit unwichtigem Beweismaterial einbringen, die leicht zur Hand waren. Gegen all das erhob der Anwalt von Gilmore keine Einwände. Für den Beobachter war er dummerweise gleichgültig.

Der Staatsanwalt stellte daraufhin den Detektiv John Bartlett in den Zeugenstand. Bartlett erklärte mit großer Redewendung, dass er Mitglied der Detektei von Latency sei; dass er vom mysteriösen Tod von Brown Hirst erfahren hatte und in der Hoffnung, die von Hirsts Witwe angebotene Belohnung zu erhalten, zu ihr gegangen war und um Erlaubnis gebeten hatte, den Fall untersuchen zu dürfen. Er erklärte, er habe erfahren, dass sich die Octagon Coal Company in einer verzweifelten finanziellen Notlage befinde; dass der Präsident Robert Gilmore, der in der Stadt Philadelphia wohnte, in der Nacht von Hirsts Tod in der Grafschaft McDowell gewesen war und auf der Grundlage dieser Daten seine Theorie formuliert hatte, dass Gilmore das Unternehmen bestohlen habe; dass diese Tatsache von Hirst entdeckt worden sei und dass sie in McDowell zusammengekommen seien, um diese Angelegenheit zu besprechen; dass dort die beiden Männer gestritten hätten und das Ergebnis gewesen sei, dass Hirst getötet und seine Leiche in den Fluss geworfen worden sei, und dass die Beweise für einen Selbstmord von Robert Gilmore fabriziert worden seien.

Der Detektiv erklärte weiter, dass er, nachdem ihm mitgeteilt worden war, dass Robert Gilmore Philadelphia nach St. Louis verlassen wollte, und aus Angst, dass es sich dabei um einen Fluchtversuch seitens des Präsidenten der Octagon Coal Company handelte, nach McDowell geeilt war und sich in Sicherheit gebracht hatte eine Anklage.

Im Kreuzverhör stellte sich sofort heraus, dass dieser Detektiv keinerlei Kenntnis von irgendwelchen Tatsachen hatte, sondern lediglich von bestimmten Schlussfolgerungen ausging, die er gerne seine Theorie nannte. Der Anwalt der Verteidigung beantragte, die Aussage dieses Zeugen zu streichen, was dementsprechend auch geschah, sehr zum Leidwesen von John Bartlett, Detective, und Salathiel Jenkins, außerordentlicher Stellvertreter des Sheriffs von McDowell.

Der Staatsanwalt sorgte dann für Aufsehen. Er teilte dem Gericht mit, dass Gilmore in der Nacht gegenüber Mr. Jenkins, dem Stellvertreter, ein Geständnis abgelegt habe und dass er wünsche, dass Mr. Jenkins vereidigt und seine Aussage vorgelegt werde. Dementsprechend wurde der unbändige Jenkins aufgrund eines ordnungsgemäß geleisteten Eides zum Zeugen des Staates West Virginia.

wunderbaren Geschichte der Selbstverurteilung von Robert Gilmore beginnen durfte , trat der Anwalt der Verteidigung auf und verlangte die Erlaubnis, sich nach den Umständen zu erkundigen, unter denen das angebliche Geständnis erlangt worden war. Der Richter antwortete, dass diese Untersuchung völlig angemessen sei, und der Anwalt der Verteidigung begann.

Die Wege der Vorsehung sind ohne Vorahnung. Beim ersten Angriff des Anwalts für Gilmore verschwand die Bedeutung der Aussage von Salathiel Jenkins wie ein Neujahrsvorsatz. Ja, er war zusammen mit John Bartlett zum Gefangenen gegangen; er hatte erklärt, dass er der stellvertretende Sheriff der Grafschaft McDowell sei; dass er eine einflussreiche Person war; dass der Gefangene in großer Gefahr war; und dass er, Jenkins, die Autoritäten des Gesetzes dazu veranlassen würde, mit dem Gefangenen nachsichtig umzugehen, wenn ein vollständiges Geständnis abgelegt würde. Er sei eine bedeutende Person, sagte er, und in Abwesenheit des Sheriffs der erste Hüter von Recht und Ordnung in der Grafschaft McDowell; Wenn der Gefangene gestehen würde, könnte er, Salathiel Jenkins, ihn vor dem Henker retten, und er würde es tun.

Unter diesen Bedingungen wurde das angebliche Geständnis abgelegt.

An diesem Punkt seiner Erzählung stoppte der Anwalt des Gefangenen den Zeugen und erhob Einspruch gegen die Einführung des Geständnisses als unrechtmäßig erlangt. Das Gericht gab dem Einspruch umgehend statt und wies den Zeugen an, beiseite zu treten.

Der Staatsanwalt erhob sich und forderte das Gericht auf, die Anklage *zurückzunehmen* und die Abweisung des Verfahrens zu gestatten. Der Richter erinnerte ihn daran, dass sich der Fall noch vor Gericht befinde und dass solche Maßnahmen jetzt nicht ergriffen werden könnten; dass der Antrag hätte gestellt werden müssen, bevor eine Jury einberufen wurde; Jetzt war es zu spät, da die Kontrolle über die Sache nicht mehr in den Händen des Staates lag.

Der junge Mr. Huron, Staatsanwalt der Grafschaft McDowell, verirrte sich steuerlos auf einem unbekannten Meer. Er stand auf und erklärte, dass er keine Gelegenheit gehabt habe, die Beweise zu untersuchen; dass er nicht mit den Zeugen gesprochen habe; dass er sich auf John Bartlett und das Geständnis gegenüber Salathiel Jenkins verlassen hatte, um den Gefangenen zu verurteilen, und dass er, da dies scheiterte, keine weiteren Beweise vorbringen konnte.

Das Gericht unterbrach diese Erklärungsrede und erinnerte den Anwalt daran, dass der Staat solche Entschuldigungen nicht fordern könne; dass der Gefangene, nachdem er der Gefahr einer Verteidigung ausgesetzt war, Anspruch darauf hatte, dass seine Sache gerichtlich geklärt wird; Ein *Nolle Prosequi* konnte jetzt nicht eingereicht werden, und der Fall muss fortgesetzt werden.

Darauf antwortete der junge Anwalt, nachdem er seine Fassung wiedererlangt hatte, dass der Staat nichts mehr zu bieten habe, und nahm seinen Platz wieder ein.

Der Anwalt von Gilmore beantragte sofort beim Gericht, ein Freispruch zu erlassen, was dementsprechend erfolgte und der Gefangene freigelassen wurde.

Mystisch, vielfältig und ohne Vorahnung sind die Wege der Vorsehung. Als der Neger-Bergmann an diesem Mittwoch im Juli in die sonnenlosen Tempel der Erde hinabstieg, war Salathiel Jenkins eine Person von hohem Stand und drängte mächtig in die Umlaufbahn seines Arbeitgebers. Und als der Neger-Bergmann am Abend auftauchte, war dieser Salathiel Jenkins ein niedergeschlagener Untergebener, der wie ein fauler Wert schrumpfte. Die Tortur war schrecklich. Der Stolz des jungen Mr. Jenkins hatte einen äußerst quälenden Prozess der Sublimierung durchlaufen. Und doch, wie abscheulich gleichgültig die Natur war. Die Bücher im Büro des Sheriffs waren dieselben. Die Bäume, der Fluss und tatsächlich die gesamte Außenwelt waren genauso groß wie zuvor. Nur die Bedeutung des Stellvertreters war geschrumpft und schrumpfte weiter. Meister der Torheit! Würde es vor der mikroskopischen Größe aufhören? Das Laster von gestern zeichnete sich deutlich ab wie die Ecken einer Mauer. Er hatte geredet, geredet. Es war der tödlichste Fehler. Gab es im Namen dieses berüchtigten Simon von Kindheit an keinen Gott, der die Dummköpfe vor sich selbst rettete?

Die Menge verließ den Gerichtssaal, schlenderte am Büro des elenden Abgeordneten vorbei und blieb stehen, um ihn im Vorübergehen zu harpunieren. Das Wetter sei für den Gerüstbau gut gewesen, hieß es. Würde der Stellvertreter in Abwesenheit seines Chefs die Falle zuschnappen lassen? es war interessant zu wissen. Konnte er den Henkersknoten knüpfen? Würde er sich über die großzügige Unterstützung seiner Kameraden freuen? Und weitere geniale Anstöße , während der müde Jenkins schwitzte und schrumpfte, aber schwieg. Das hatte er gelernt: wie die großen Lektionen des Lebens, die er zufällig zu spät gelernt hatte.

Und in derselben Nacht bemerkten John Bartlett und Robert Gilmore, als sie in einem Pullman-Wagen der Chesapeake and Ohio Railroad ostwärts eilten, mit großem wohlwollenden Kommentar, dass die alte Doktrin der *Lex vigilantibus non dormientums subvenit* war in dieser praktischen Zeit wunderbar wahr.

VI

In der Nacht des siebzehnten Juli betrat der Richter des Strafgerichtshofs von McDowell das Büro des Sheriffs. Er war nicht in altruistischer Stimmung, dieser Jurist. Da seine glücklichen politischen Zugehörigkeiten ihn in ein hohes Anwesen gebracht hatten, lastete seine Würde schwer wie ein Nebel auf ihm. Man hatte ihn holen lassen. Es war Gedankenlosigkeit, die fast an Respektlosigkeit grenzte. Als der große Jurist eintrat, erhob sich die Menschenmenge im Büro von White Carter.

„Richter", sagte der Sheriff gedehnt und trat vor, „Sie müssen dem Zenturio verzeihen, dass er sich gegenüber dem Tribun diese Freiheit genommen hat, aber wir hielten einen geheimen Kriegsrat ab und benötigten sofort die Quelle des Gesetzes." Ich bin sicher, es wird Ihnen nichts ausmachen, Richter."

Die Quelle des Gesetzes warf sein verletztes Gefühl mit einer Bewegung seiner schlanken Hand beiseite.

„Es ist alles in Ordnung, Carter", bemerkte er. „Aber warum das Konklave? Gute Männer sollten im Bett liegen."

„„Tag für Tag verkündet Rede"', sagte der Sheriff gedehnt, „und Nacht für Nacht verkündet Wissen. Und genau hier liegt der Schmerz. Die Jungs waren den ganzen Tag über dicht gedrängt und scheuten sich, abends an die Reihe zu kommen."

Dann trat er an seinen Gefährten vorbei und fügte hinzu: „Den jungen Herrn Huron werden wir im Forum Euer Ehren als vertraut übergehen." Der andere Herr ist Mr. Hartmyer Belfast vom Geheimdienst der New Yorker Lebensversicherungsgesellschaften."

Der Richter nickte herzlich und setzte sich an den Tisch. Auch die anderen nahmen wieder Platz, während der Sheriff seine Brille abnahm, sie vorsichtig auf den Zeigefinger seiner dicken rechten Hand legte und zu erklären begann.

„Während meiner Abwesenheit wurde, glaube ich, ein gewisser Robert Gilmore hier angeklagt und wegen Mordes angeklagt, was zu einem Freispruch führte, da die Beweise nicht ausreichten, um die Anklage zu stützen. Es scheint nun, dass Gilmore Hirst tatsächlich getötet hat und dass er nun mit den Beweisen, die sich im Besitz von Mr. Belfast und mir befinden, verurteilt werden kann."

Der Richter zog die Augenbrauen hoch, äußerte sich aber nicht dazu.

Der Sheriff fuhr fort. „Zum Zeitpunkt von Hirsts Tod war ich mir nicht ganz sicher, ob es sich um Selbstmord handelte. Der auf der Brücke gefundene Mantel und die Weste entsprachen nicht den Hosen und Schuhen des Verstorbenen, bei denen es sich um gewöhnliche grobe Kleidungsstücke handelte, die die Bergleute trugen. Es gab seitens Hirsts keine Erklärung für diese Kleidung. Später fand ich bei Jims Ford einen Bergmannsmantel, der zu den anderen Kleidungsstücken von Hirst passte. Dieser Mantel war zu einem Bündel zusammengebunden und oben in den Fluss geworfen worden – wahrscheinlich an der Brücke. Im Innenfutter war ein Taschenbuch von Brown Hirst eingenäht, das etwas Geld und einen Wechsel über New York sowie ein Memorandum über eine Reihe von Lebensversicherungen enthielt. Diese Umstände führten mich zu der Annahme, dass Hirst geplant hatte, sein Leben abzusichern, indem er einen vorgetäuschten Selbstmord arrangierte, aber der Plan war irgendwie gescheitert, nachdem die Beweise vorbereitet worden waren, und er war eines gewaltsamen Todes gestorben, wahrscheinlich durch die Hand eines anderen.

„Aber die Angelegenheit war rätselhaft, und ich hielt es für das Beste, meine Schlussfolgerungen aufzubewahren, bis weitere Entwicklungen bekannt würden. Ich schrieb an die verschiedenen Unternehmen, bei denen Hirst versichert war, und erläuterte den von mir ermittelten Sachverhalt. Sie antworteten, dass die Angelegenheit in den Händen ihres Geheimagenten Hartmyer Belfast liege und dass ich informiert würde, wenn die Ermittlungen abgeschlossen seien.

„Vor ein paar Tagen haben mir die Firmen telegraphiert, dass Mr. Belfast jederzeit in meiner Grafschaft auftauchen könne, und gestern hat er mich aufgesucht.“

Der Sheriff rückte ein wenig näher an den Tisch und der gedehnte Ton schien aus seiner Rede zu verschwinden.

„Es kann nun gezeigt werden, dass Robert Gilmore zu McDowell kam, um Hirst bei der Herstellung von Beweisen für einen Selbstmord zu unterstützen; dass er mit ihm auf die Brücke gegangen sei, und nachdem er Hirst zum Brückengeländer gelockt hatte, warf er ihn plötzlich in den Fluss. Es können die Zugführer ermittelt werden, die Gilmore in der Mordnacht bei seiner Ankunft und bei seiner Abreise gesehen haben. Alle diese Beweise wurden sorgfältig vorbereitet. Darüber hinaus kann nachgewiesen werden, dass Gilmore unmittelbar nach seinem Prozess aus irgendeinem mysteriösen Grund direkt nach Philadelphia ging und eine Konferenz mit der Witwe von Brown Hirst arrangierte. Davon hatte Herr Belfast Kenntnis, und auf Wunsch von Frau Hirst war er anwesend und versteckte sich in einem Nebenzimmer. Diese Konferenz zwischen Gilmore und Mrs. Hirst war bemerkenswert. Der Mann war zutiefst betroffen und sagte, er sei gekommen, um ihr die gesamte Geschichte seiner Schurkerei zu erzählen, weil er sie liebte, sie immer geliebt hatte und nun wisse, dass er sie niemals haben könne. Daraufhin erklärte er, dass Hirst und er geplant hätten, die Versicherungsgesellschaften auszurauben; dass Hirsts Heirat mit ihr Teil des Plans war, dass er, Gilmore, sie jedoch immer mehr liebte und sein Vorgehen bei der Herbeiführung der Ehe bereute, und dass ihm das so schrecklich in den Sinn gekommen war, dass er Hirst schließlich getötet hatte.

„Dann erläuterte er die genauen Umstände des Todes und fügte hinzu, dass er vor Gericht gestellt und freigesprochen worden sei und nun das Land verlassen werde, aber dass etwas in seinem Herzen nicht ruhen würde, bis er ihr die ganze Wahrheit gesagt habe. Ich urteile also , dass wir jetzt einen vollständigen Fall haben, zusammen mit dem Geständnis , das, wie mir gesagt wurde, ein völlig ausreichender Beweis sein wird, und mit einem solchen Fall kann Gilmores Verurteilung nun nichts mehr im Wege stehen.“

„Überhaupt nichts“, bemerkte der Richter trocken, „außer der Verfassung der Vereinigten Staaten von Amerika.“

Der Sheriff setzte sich plötzlich hin und setzte die Brille wieder auf seine dicke Nase.

„Sie meinen“, sagte der Staatsanwalt, „dass der Gefangene nicht zweimal wegen derselben Straftat gefährdet werden kann?“

„Es sei denn“, antwortete der Richter, „die Justizmaschinerie in McDowell kann von der Verfassung des Staates und der Verfassung der Bundesregierung ausgenommen werden, eine Schlussfolgerung“, fügte er mit erstaunlicher Ernsthaftigkeit hinzu, „bei der ich eher zögern sollte.“ einer lockeren Anhörung zustimmen. Da dieser Mann bereits einmal ordnungsgemäß wegen Mordes angeklagt wurde, kann er nicht noch einmal wegen derselben Straftat angeklagt werden.“

„Es wurde festgestellt“, sagte der Staatsanwalt, „dass der Fall nicht unter die Bestimmungen der Verfassung fiel, wenn der erste Prozess durch Betrug des Gefangenen erwirkt wurde.“

„Stimmt“, antwortete der Richter, „es gibt einen frühen Fall in Virginia und spätere aktenkundige Fälle, aber der Betrug muss grob und offensichtlich sein.“ Welcher Betrug könnte hier nachgewiesen werden? Die Anklage wurde ordnungsgemäß erhoben, der Prozess verlief ordnungsgemäß, die Beamten des Staates werden nicht verdächtigt, eine Verschwörung begangen zu haben, und es kann auch nicht nachgewiesen werden, dass falsche Angaben gemacht wurden, es sei denn, es kann eine klare Verschwörung seitens dieses Detektivs, John Bartlett, nachgewiesen werden .“ Dann wandte er sich an den Geheimagenten der Lebensversicherungsgesellschaften. „Wie wäre es mit diesem Bartlett?“ er hat gefragt.

„Soweit ich erfahren habe", antwortete der Detektiv, „hat Bartlett keine falschen Angaben gemacht. Er ist Mitglied von Loomey's Agency in New York. Es ist wahr, dass er Frau Hirst anrief und um Erlaubnis bat, den Fall untersuchen zu dürfen. Was er dem Staatsanwalt als Tatsachen darlegte, waren Tatsachen. Natürlich war seine Theorie falsch und seine Schlussfolgerungen falsch; aber dafür konnte er, wie ich annehme, nicht zur Verantwortung gezogen werden. Ich habe die Angelegenheit sorgfältig untersucht, und obwohl es äußerst wahrscheinlich ist, dass dieser Prozess von Gilmore geschickt herbeigeführt wurde, wurde er dennoch so geschickt gehandhabt, dass kein betrügerisches Vorgehen seitens Bartlett nachgewiesen werden konnte, obwohl ich dessen ziemlich sicher bin Schurkerei."

Der Sheriff rieb sich die Hände mit der sanften Salbe eines Hebräers bei einem „Feuerverkauf".

„Jeb", sagte er gedehnt, „ich schätze, du bist es. Ich schätze, bis auf das Geschrei ist alles vorbei."

„Nun", antwortete der Staatsanwalt, „ich schätze, es gibt noch andere." Wie wäre es mit dem beklagten Jenkins, dem ehemaligen Vertreter des Sheriffs von McDowell? Ist der junge Mann Absalom in Sicherheit?"

Ein schwacher Anflug von Heiterkeit breitete sich über das fette Gesicht des Sheriffs aus. „Jungs", sinnierte er, „es war ein scharfer Trick. Lasst uns ruhig auseinandergehen und uns bemühen, es niederzuleben." Dann fügte er müde hinzu. „Es mag gut sein, gut zu sein, aber es ist sicherer, glatt zu sein."

Der Richter stand auf. "Herr. Gilmore wurde vor Gericht gestellt und freigesprochen", stellte er fest. „Die Aufzeichnung ist vollständig. Er kann nicht noch einmal für dieses Verbrechen zur Rechenschaft gezogen werden, auch wenn er gerne seine Schuld von oben verkündet."

„Dann", sagte der Detektiv mit der tristen Überlegung eines Menschen, der sich aus einer gescheiterten Sache zurückzieht, „kann dieser Mörder nicht bestraft werden."

Die verträumten blauen Augen von White Carter schwammen lustlos

„Vielleicht", sagte er gedehnt, „wenn der Herr die melancholische Flut mit diesem grimmigen Fährmann überstanden hat, von dem Dichter schreiben, ins Königreich der ewigen Nacht."

(Siehe Code of West Virginia, Kap. cxxiv., Abschnitt 14, Kap. cvi., Abschnitt 25; auch Kap. cxxv. Siehe jedes gute Lehrbuch über Vermieter und Mieter. Der Fall Martin Admix vs. Smith auch al., 25 West Virginia, 579, und zitierte Abgüsse.)

DER GRAZIER

ICH

Der Bohrarbeiter der Bonnie Mag Nr. 3 hatte den ganzen langen Sommernachmittag die öffentliche Straße im Auge behalten; An diesem neunzehnten Augusttag waren im Schatten des Ölbohrturms anspruchsvolle und mühsame Arbeiten verrichtet worden, die völlig ausreichend waren, um die Aufmerksamkeit des Durchschnittsbürgers abzulenken, aber der Bohrarbeiter hatte die ganze Zeit hindurch seine Wache aufrechterhalten. Der Pumper, ein schmutziger Sterblicher, der die riesige Ölgesellschaft als die einzige und allmächtige Macht des Universums betrachtete, hatte diese offensichtliche Angst des Bohrers bemerkt und fragte mit einer Spur Humor, ob dieser Herr damit rechnete, Fett herausspritzen zu sehen aus der Straße heraus. Darauf hatte der Bohrer mit barbarischer Obszönität geantwortet, dass der Pumper zum Pumpen eingesetzt worden sei und dass er seine Position dadurch halten könne, dass er den Mund hielt, aber nicht anders. Ein Vorschlag, der alle Leichtfertigkeit aus der Rede des Pumpers verbannte. Außerdem war in den Augen des Bohrarbeiters ein roter Glanz zu sehen, und der Untergebene des großen Ölkonzerns war sich der vollen Bedeutung des Zeichens vollkommen bewusst. Er hatte es bereits bei verschiedenen ereignisreichen Gelegenheiten bemerkt, insbesondere an einem bestimmten Morgen, als der Bohrarbeiter, als er durch eine Anordnung des Bezirksgerichts unterbrochen wurde, dem Hilfssheriff sofort vorgeschlagen hatte, mit seiner einstweiligen Verfügung in die höllischen Regionen zu gehen; und anstatt den Betrieb auszusetzen, bis das Rechtsforum den Besitz des Grundstücks feststellen konnte, hatte er seinen Vertrag erfüllt, indem er seinen Brunnen bis zum Gordon-Sand durchbohrte.

Es stimmte tatsächlich, dass das Bezirksgericht die Leiche des Bohrarbeiters beschlagnahmt hatte und ihn vor seiner erhabenen Anwesenheit vorführte und ihm eine Geldstrafe von zweihundert Dollar wegen Missachtung auferlegte, aber der alte Mann hatte das Geld ohne zu zögern und sofort danach bezahlt verlegte das Bezirksgericht in die gleiche hitzige Region, die ursprünglich dem stellvertretenden Sheriff vorgeschlagen worden war.

Die Sonne war untergegangen und die Dämmerung begann sich über dem Ölfeld zu sammeln. Die Schatten verdunkelten sich über dem langen, abfallenden Tal, und die großen Bohrtürme wirkten im Halblicht dunkel und hager und bedrohlich wie grimmige Kriegsmaschinen. Von den Ölquellen weit oben am Hang war es nun schwierig, die Autobahn zu beobachten, und der Bohrarbeiter, der offensichtlich um jeden Preis die Überwachung der Kreisverkehrsstraße aufrechterhalten wollte, trat aus dem Schatten des Bohrturms und begann zu wischen seine Hände auf dem Gras; Als er fertig war , wandte er sich dem Pumper zu. „Behalten Sie das Kabel im Auge", sagte er knapp, „ich komme wieder, wenn Sie mich kommen sehen." Dann drehte er sich um und ging langsam den Weg hinunter zur Straße.

Der sanfte Hauch des Windes, der aus dem Norden durch die Spalte in den niedrigen Hügeln aufstieg, brachte kein Geräusch mit sich, außer dem dumpfen, unaufhörlichen Pochen der Motoren, die Ströme flüssigen Reichtums aus tausend engen Arterien zogen, die in den Schoß der Erde führten. Diese große Industrie, die sich nicht damit zufrieden gab, die Zivilisation zu verändern, hatte auch das Gesicht des Landes verändert; Zwei Jahre zuvor hatte diese flatternde Sommerbrise das Rauschen reifender Maisfelder mit sich getragen, den süßen Geruch stiller Weideflächen, auf denen Mastviehherden durch Felder mit blauem Gras wanderten. Jetzt waren die Ländereien mit Wagenstraßen markiert, gespickt mit den groben Hütten der Pumper und den riesigen Holztanks der großen Ölkonzerne; und hier und da erstreckte sich, wie der verdrehte, hässliche Rücken einer riesigen Schlange, eine endlose schwarze Rohrleitung über das zerklüftete Land. Gier beherrschte die Welt und Schönheit wurde, wie viele andere Geschenke der Natur, unter seinem Hammer zerschlagen.

Der Ölbohrer blieb am Straßenrand stehen und lehnte seinen langen Körper gegen den Zaun. Er war ein dünner, alter Mann mit scharfen, abgemagerten Gesichtszügen, sein Haar und sein eisengrauer Bart waren mit Öl verklebt, und seine langen, bis zum Ellenbogen nackten und von der Sonne schwarz verbrannten Arme glänzten fettig wie der Kolben seines Motors . Der alte Arbeiter hielt seine Wache in Totenstille, und darüber hinaus zeigte sein Gesicht kein Interesse. Dieser Mann gehörte zu jenem eisernen Typus, von dem die Welt in ihrer Zivilisation so sehr abhängig war, jenem Typus, der, wo auch immer er sich befand, wie eine Maschine schuftete, bedingungslos, unermüdlich und zuverlässig wie ein Gesetz. Im Rang ihrer Legionen hatte es die Herrschaft der Cäsaren ausgeweitet; auf den breiten Decks der Kriegsschiffe hatte es die Herrschaft Großbritanniens ausgeweitet; und in den Minen, Mühlen und Wäldern Amerikas hatte es eine Republik großgezogen, erhalten und bereichert; wächst größer als sie alle.

Plötzlich erschien in der zunehmenden Dämmerung ein riesiger Schatten am Fuße des langen Hügels, und der Bohrer hörte deutlich das Geräusch eines Pferdes, das gemächlich die sandige Straße hinaufkam. Als er sich näherte, nahm der unbestimmte Schatten einen klaren und deutlichen Umriss an, bis jemand in der Position des Bohrers hätte erkennen können, dass es sich um einen riesigen Mann handelte, der auf einem rotschimmeligen Pferd ritt. Der Mann beugte sich nach vorne, den Kopf gesenkt und die Hände auf dem Sattelknauf, während die Zügel des Zaumzeugs lose in seinen Fingern baumelten. Als sie sich gegenüberstanden, sprach der Bohrer.

„Bist du das, Alshire ?" er sagte.

Der Riese warf Rinde auf seine großen Schultern und stoppte sein Pferd mit einem Schraubenschlüssel am Zaumzeug. „ Morg Gaston!" verkündete er mit einem Anflug von Überraschung in der Stimme, dann fügte er halb entschuldigend hinzu: „Was ist das gute Wort mit dir?"

Der Bohrer kletterte schwerfällig über den großen Pfahlzaun . „Ich habe dich heute Morgen hinuntergehen sehen", sagte er, „und ich habe nach dir Ausschau gehalten; Ich möchte dir etwas sagen."

Dann trat er in die Mitte der Straße und legte sein fettiges Kinn auf die Mähne des Rotschimmels.

„Ein verdammt hohes Pferd", sagte der Bohrer.

„Siebzehn Hände", antwortete der Riese.

Der alte Mann ließ seinen Blick langsam über die immensen Proportionen des Reisenden schweifen , seine tiefe, kräftige Brust, seine breiten, dicken Schultern und seine massiven, fast grotesk gewaltigen Gliedmaßen.

„Du bist selbst nicht klein", bemerkte er, als würde er eine Entdeckung verkünden, „und ich bin verdammt froh darüber, zumindest war ich verdammt froh darüber, dass an diesem Morgen der morsche Bohrturm des alten Ward heruntergeflogen ist und du zufällig vorbeigekommen bist und sie hochgehoben hast." Mich. Ich wurde wie eine Ratte unter den Balken eingeklemmt."

Der Mann lachte, aber sein Gesicht im Dunkeln war nicht fröhlich. Der Driller untersuchte das Pferd genau; Als er fertig war , trat er einen Schritt zurück auf die Straße und ein Ausdruck intensiver Bewunderung breitete sich auf seinen rauen Gesichtszügen aus.

„Viel Spaß!" Er sagte: „Ihr seid ein Paar, zu dem man sich hinziehen kann."

Der Riese tätschelte den Widerrist des großen Pferdes.

„Cardinal ist ein gutes Hengstfohlen", antwortete er, „so gut es wächst."

Der Bohrer stand einige Augenblicke da und blickte das Paar fast anbetend an; Dann richtete er sich plötzlich auf, näherte sich dem Pferd und legte seine von Petroleum durchnässten Arme auf den Sattelknauf.

„ Alshire ", sagte er mit gesenkter Stimme, „die Gesellschaft denkt, dass sich Fett unter Ihrem Land befindet. Ich war gestern Abend beim Manager, und während ich dort war, kamen die Ingenieure mit den Karten herein und alle waren sich einig, dass sich der Kopf des Pools etwa unter Ihrer Farm befand. Sie befinden sich fast drei Meilen östlich der Siedlung, aber der

Gürtel verläuft sicherlich in Ihre Richtung; Dieser hier letzte Brunnen, den die Kompanie verstopfte, ist vierzig Barrel besser als der Nr. 1 fünfhundert Fuß westlich; Und ich sage Ihnen noch etwas: Es wird in dieser Region nicht mehr langweilig, bis die Kompanie das ganze Land im Osten in ihre Gewalt gebracht hat, Ihr eingeschlossen. Meine Anweisung besteht darin , den letzten auszutrocknen und nach Ohio zu ziehen."

Der große Alshire beugte sich vor und legte seine breite Hand auf den fettigen Arm des Bohrers. „Ich bin dir dankbar, Morg ", sagte er langsam. „Ich werde Ausschau halten."

„Viel Spaß!" fuhr der alte Arbeiter fort: „Das solltest du besser tun, es sind einfache Tauchgänge , und was auch immer du tust, halte deinen Mund verschlossen." Ich habe der Firma noch nie ein schlechtes Gewissen gemacht, aber ich konnte mir nicht vorstellen, dass sie dich häuten, mein Gott, das konnte ich nicht !"

Der alte Bohrer sprach schnell, als ob er sich halb seines Verrats schämte, und als er fertig war, drehte er sich um und begann, den hohen Zaun zu erklimmen.

„ Morg ", rief der Riese. „ Morg ."

„Das ist in Ordnung", antwortete der Bohrer, als er den dunklen Hügel hinauf verschwand, „halten Sie einfach den Mund zu; das ist in Ordnung."

Der Riese berührte sein Pferd mit der Ferse in der Flanke und ritt weiter.

Rufus Alshire war ein Viehzüchter , ein Geschäft, das fast ausschließlich in diesem herrlichen Grasland ausgeübt wurde. Viele Jahre zuvor war sein Urgroßvater , ein englischer Tory, in dieses Binnenland geflohen, um gewissen unangenehmen Beziehungen zur Kolonialregierung zu entgehen. Hier hatte er ein riesiges Blockhaus erbaut und umgab sich mit eher wertlosen Dienern eine Art fürstliches Dasein. Andere folgten, und nach einiger Zeit wurde das Land gerodet und in große Weideflächen aufgeteilt, die diesen mächtigen Familien gehörten. Aber die Elemente des Feudalsystems blieben bestehen, obwohl sie einige Veränderungen erlitten. Die Pächter waren zum größten Teil auf dem Stockland geboren und aufgewachsen und gehörten fast zur festen Einrichtung.

Die Nachkommen dieser unabhängigen Abstammung wohnten weiterhin so nah wie möglich am zentralen Teil ihres Anwesens und unterhielten riesige Residenzen, manchmal rau und vielleicht nicht ganz komfortabel, aber immer riesig. Da das Land besonders für die Mast von Rindern geeignet war, wurde diese Industrie bald zum ausschließlichen Geschäft dieses mächtigen Volkes. Es handelte sich um einen profitablen und äußerst unabhängigen Wirtschaftszweig, der den fürstlichen Instinkten der Angelsachsen weitreichenden Spielraum bot. der, selbst nachdem die goldene Zeit seiner Rasse so viele hundert Jahre vorüber war, immer noch den offenen Himmel und die blauen Hügel und die riesigen Eichen liebte und in seinem Herzen mit einem hartnäckigen, bitteren Geist der Rebellion den geringsten Schatten hasste der Zurückhaltung. Er war bereit, Gott zu dienen, wenn es nötig war, aber solange er lebte, würde er den Menschen nicht dienen. Von der Statur her waren die Nachkommen der längst verstorbenen Sachsen riesige Exemplare dieser Rasse, fast so groß wie die sagenumwobenen Barbaren von Lygien ; mächtige Männer, die durch enge und innige Beziehungen zur Mutter Natur stark und äußerst lebenswichtig bis zum Abend des Lebens blieben. Doch obwohl die Gastfreundschaft des Sachsen verschwenderisch war, waren seine Impulse freundlich und er war völlig zufrieden damit, die Regierungsangelegenheiten und die Probleme der Zivilisation anderen Händen zu überlassen, vorausgesetzt, die Lakaien dieser Mächte hielten sich von seinem Boden fern.

Die Dämmerung war zur Nacht geworden; Auf dem Kamm der fernen Hügel zeichneten sich die großen Eichen wie mächtige, stille Gestalten gegen den Himmel ab und warteten auf ein mystisches Wort, das sie zum Leben erwecken sollte.

Der Rand des Mondes stieg langsam hinter dem Ölfeld hervor, rot wie zerschlagenes Messing; Die Straße, bedeckt mit wechselndem Licht und Schatten, erstreckte sich wie ein silbernes Band über das hügelige Land. Der Viehzüchter ritt langsam, die Hände hingen träge an den Seiten, und auf seinem Gesicht standen tiefe Gedanken; Von Zeit zu Zeit hob er seine schwere rechte Hand und schlug sie schwer gegen den Baum seines Sattels, als wolle er damit andeuten, dass endlich eine wichtige Entscheidung getroffen worden sei, aber genauso oft ließ er die Hand wieder an ihren Platz fallen.

Die wichtigen Informationen des Ölbohrers hatten den Angelegenheiten, mit denen er sich offensichtlich beschäftigte, ein mächtiges Element hinzugefügt. Das Pferd, seinen eigenen Neigungen überlassen, beschleunigte seinen Schritt und plötzlich zeichnete sich der Schatten eines riesigen Hauses auf der Hügelkuppe am Straßenrand ab. Das Pferd und der Mann blieben am Tor stehen. aus seinen Träumereien erwacht, stieg er langsam ab, und als er das Tor öffnete, führte er das Pferd hindurch; Als er das Tor schloss, blieb er einen Moment stehen und stützte seinen riesigen Ellbogen auf die Klinke. „Nun“, sagte er, als wollte er sich selbst seine vorläufige Schlussfolgerung verkünden, „ich werde das Vieh morgen verschiffen, und ich werde Jerry sehen.“

Seit den frühesten Aufzeichnungen über heilige oder profane Ereignisse wird die Gattung Bos mit der Geschichte des Grundbesitzers in Verbindung gebracht. Der alte Ägypter sah in ihm gewisse Spuren der Göttlichkeit und würdigte diese mit gebührender Anerkennung. Der beklagte Hiob, einst Dichter des Unglücks, fand bei der Aufzeichnung seiner zahlreichen Katastrophen die Zeit, seine ehrwürdige Wertschätzung für die Art zum Ausdruck zu bringen; und der heidnische Homer, der von Göttern und Menschen sang, erinnerte sich daran, auch die Tugenden des edlen Ochsen zu besingen; und auch die Maler, von Claude Lorraine bis Rosa Bonheur, haben sich dazu herabgelassen, die künstlerische Bedeutung des domestizierten Viehs zu berücksichtigen ; Er behandelte ihn zunächst als notwendige Ergänzung einer Landschaft und später als zentrale Figur in der Szene. Er hatte seinen Anteil, heißt es in den Aufzeichnungen, nicht selten an den Plänen tugendhafter und anderer Menschen. Ein gewisser schlauer barbarischer General nutzte ihn in einer schwierigen Notlage gut aus, und der Patriarch Jakob nutzte ihn in einem klugen physiologischen Experiment, das er wahrscheinlich in seiner Salatzeit in Padan-aram gelernt hatte; ein Experiment, das den weltlichen Wert des guten Vaters erheblich steigerte, seinen Ruhm jedoch nicht wenig schmälerte.

Als am nächsten Morgen die Sonne hinter dem breiten östlichen Hügel hervorkam, blickte sie auf Rufus Alshire herab , der, weitaus zügiger als er selbst, sich bereits an die Angelegenheiten des Tages gemacht hatte; Vor Tagesanbruch hatte er das Vieh aus seinen Beeten auf der kühlen Weide geholt, es auf seiner Waage gewogen und es auf der Straße auf die Reise zur etwa zehn Meilen entfernten Schifffahrtsstation geschickt. Die Herde streunte gemächlich über die Autobahn. Der Riese Alshire ritt durch die Herde und sorgte dafür, dass sich die Ochsen langsam bewegten; Während er der Herde barfuß im Staub folgte, war einer seiner Gefolgsleute, ein dämlicher junger Mann, der einen alten Strohhut, ein Hemd, das ursprünglich aus dem Material namens „Hickory" bestand, jetzt aber in bunten Farben geflickt war, und blaue Stoffhosen trug abgenutzt und ausgefranst. Während der Jüngling dahinschritt, sang er mit hoher, pfeifender Stimme eines dieser einfachen kleinen Lieder, die die spielenden Kinder singen, und tanzte zur Veranschaulichung auf und ab und peitschte den Staub mit einer langen Rute aus Hickoryholz. In seinem Herzen war kein Schatten der Sorgen der Menschen, und aus diesem Grund befanden sich unter seinem zerrissenen Hemd vielleicht zwei Drittel des Glücks der Welt.

Als die Herde unter den großen Eichen entlangwanderte, die die Straße säumten, und die Strahlen der Morgensonne durch die grünen Blätter krochen und seltsame gesprenkelte Flecken auf den glatten Rindern und leuchtende, sich bewegende Flecken auf dem taufrischen Gras hinterließen, konnte es jeder, der zusah, leicht sehen Ich bin zu dem Schluss gekommen, dass sich die Welt um einige hundert Jahre zurückgedreht hat, und dass dies eine grasbewachsene Waldlichtung des fröhlichen Englands war und die Herde, das Vieh des schroffen, riesigen Sachsens, der auf seinem riesigen roten Pferd unter ihnen ritt und unter seinem schwarzen Gesicht finster dreinblickte Stirnrunzeln und Verfluchungen durch St. Withold und St. Dunstan und die Seele von Hengist die bösen Zeiten des Eroberers, die ihn zwangen, seine Herde bei Tagesanbruch in den dichten Wald zu treiben, um sie vor den plündernden Halsabschneidern eines normannischen Barons zu bewahren ; und er hätte genau nach großen Steinen gesucht, die halb im Moos eingebettet waren und bleibende Denkmäler für die seltsamen und blutigen Rituale einer strengen Druidenkolonie waren, die schon lange tot war; Dann schaute er scharf nach oben, um zu sehen, ob dieser Fleck dichteres Grün in den tieferen Wäldern nicht tatsächlich das Fell eines tapferen Gesetzlosen war, dessen Busen englisch waren und der mit seinem Bogen aus Eibenholz und seinem Schwertpfeil bereitstand, sich dem riesigen Sachsen anzuschließen in seinem hartnäckigen Kampf gegen die blutigen Anhänger des Herzogs Wilhelm von der Normandie; und als die Herde vorbeigewandert war, hätte sich einer über die Straße gebeugt, um zu sehen, ob nicht ein Messinghalsband fest um den Hals des glücklichen Kuhhirten gelötet war, in das in sächsischen Buchstaben die Inschrift eingraviert war: „ Zaak , der Sohn des Jonas, ist Rufus von Alshire unterworfen .

Der fröhliche Sonnenschein unter dem lieben blauen Bogen mit seinen heimeligen Geräuschen des erwachenden Lebens und seinem kühlen Atem, beladen mit dem frischen Duft, der von Kleewiesen weht, die nach der Ernte mit süßen neuen Blüten erblühen, alles so förderlich für ein sorgloses, freudiges Dasein Es gelang ihm überhaupt nicht, auch nur einen Teil der Besorgnis aus dem Gesicht des Viehzüchters zu verbannen .

Er saß lustlos in seinem Sattel, die grauen Augen halb geschlossen und die Gesichtsmuskeln in Furchen nach unten gezogen; der Rotschimmel, der seit seiner Junggesellenzeit ausgebildet wurde, übernahm die Pflichten seines Herrn und bewegte sich vorsichtig zwischen den Rindern; Seine Pferdeintelligenz erkannte, dass es zu seiner Pflicht gegenüber dem trägen Herrn gehörte, dafür zu sorgen, dass die Herde sich langsam fortbewegte und dass kein Ochse anhielt, um das nasse Gras am Straßenrand abzuschneiden oder mit seinem Artgenossen zu kämpfen.

Die Nachtwachen hatten Rufus Alshire keine Lösung für die Angelegenheit gebracht, mit der er am Abend zuvor so hartnäckig gekämpft hatte. Er handelte zwar nach seinem vorläufigen Plan, aber das schien nur ein Zwischenfall im Hauptproblem zu sein.

Der Riese war sich seiner Umgebung nun überhaupt nicht mehr bewusst, und tief in seine beunruhigende Angelegenheit vertieft, sprach er laut. „Wenn ich nur den Titel halten könnte", murmelte er, und dann, als würde er die Torheit seiner Hoffnung erkennen, ergriff er mit der Hand den Baum seines Sattels und richtete plötzlich seinen mächtigen Fuß im Steigbügel auf. Das Leder brach unter dem großen Gewicht und der eiserne Steigbügel fiel auf die Straße. Der Rotschimmel blieb abrupt stehen, und der riesige Alshire , der einen schweren Fluch über seine schwerfällige Größe aussprach, stieg ab, hob den Steigbügel auf und band ihn an den Riemen. Dann legte er den Zügel über sein Ziel und begann, neben dem Pferd herzugehen, die Herde mit dem kritischen Blick eines Experten zu untersuchen und sie mit der Unbefangenheit eines Kindes zu kommentieren.

„Rindfleisch für die Briten." Er sagte: „Und das beste Rindfleisch, das John Bull jemals unter die Rippen gelegt hat. Sie sind breit auf dem Rücken und tief in der Brust und schwer in den Vierteln, und jedes schwarze Kalb von ihnen hat den Balken dazu gebracht, sechzehnhundert Pfund zu stemmen."

Der Viehzüchter klopfte seinem Pferd liebevoll auf den Hals. „Sie werden doch den Juden gefallen, nicht wahr, Junge?" Der Rotschimmel spitzte die Ohren und rieb seine Nase am Arm seines Herrn, als ob diese Aussage völlig mit seinen eigenen privaten Ansichten über die Angelegenheit übereinstimmte. „Sie werden weit über das Meer verschifft." Der Riese lachte. „Und Gott sei Dank! Wenn die verrotteten Schiffe zusammenhalten, werden die schwarzen Bestien einen beschimpften Anblick bekommen, der der Königin näher ist als die meisten kleinen Snobs, die im Osten herumschlendern."

Die Herde von Rufus Alshire gehörte zu der Rinderart Polled-Angus, die im schottischen Tiefland beheimatet ist. eine Rasse, die vergleichsweise neu importiert wurde. Es waren schöne Ochsen, voll, rund und von anmutiger Gestalt; Ohne Hörner, mit gepflegtem Kopf und Hals und einem Fell, das so schwarz ist wie der sagenumwobene Mitternachtsgeist. Das Gesetz der natürlichen Auslese hatte schließlich gezeigt, dass diese Rasse am besten an die Bedingungen des Viehzüchters in West Virginia angepasst war . Es war robust, leicht zu pflegen und überstand die Härte des Winters ohne Probleme, außerdem reifte es schnell und nahm schnell Fleisch an, und außerdem machte es das Fehlen von Hörnern einfacher zu handhaben und weit weniger gefährlich.

Das Horn, im wilden Zustand eine notwendige und mächtige Waffe, war im Zustand der Domestizierung eine nutzlose Belastung. Daher stieß die Natur, die für die Bequemlichkeit der Menschen arbeitete, in den Hornlos-Angus ein und brachte ihn hervor.

Das Geschäft des Viehzüchters war fortschrittlich gewesen. Der mächtige Grundbesitzer, der im Herbst sein Vieh von den Viehzüchtern der inneren Grafschaften kaufte, hatte den Anbau der Rasse stets gefördert. Viele Jahre lang war das Kurzhorn-Durham-Rind das große Vieh dieses Binnenlandes. Es war eine alte Rasse; alt in England, als Skandinavier und Dänen über den Fluss Tees schwärmten. Aber die Rasse war zwar hervorragend, entwickelte sich jedoch nur langsam und war nicht an strenge Winter angepasst. Der Züchter erkannte die Bedürfnisse seines Marktes und stieß auf der Suche nach einem Tier, das besser für seine Zwecke geeignet war, zufällig auf den Hereford, der zuerst vom Ältesten importiert wurde Ton aus Kentucky. Und der Hereford wurde zum Hauptvieh des Viehzüchters . Er war auch alt; alt auf der Nordseite des Flusses Wye im zehnten Jahrhundert und angeblich uralt im Gesetz von Howell dem Guten; Aber obwohl er ein schönes Rindvieh war, hatte er einen Mangel bewahrt: das massive Horn. Trotzdem behauptete er seinen Platz, bis an einem bestimmten Herbstmorgen auf einer Fettviehschau in Chicago die gute Frau eines mächtigen Viehzüchters aus Virginia auf der Suche nach dem idealen Ochsen in den Viehring auf den prächtigen Polled-Angus zeigte sagte: „Da ist er, aber er sieht nicht menschlich aus." Und da war er tatsächlich, breit und glänzend schwarz und hornlos wie eine Männerhandfläche – die Antwort der Natur auf den Traum des Züchters.

Die große gelbbraune Sonne stieg hoch in den Himmel; die Hitze des Tages legte sich wie ein unsichtbarer Mantel über die lebendige Erde; Die frische Frische der Morgenbrise war der eintönigen heißen Mittagsluft gewichen. Der Staub stieg in Wolken unter den Füßen der Herde auf, und das Vieh selbst, warm und verärgert über die beschwerliche Reise, war unruhig und schwer zu kontrollieren. Der große Al-shire und sein riesiges Pferd zogen hier und da durch die Weide, weiß vom Staub; während der glückliche Leibeigene hinter der Herde hertrottete, fröhlich pfiff und sich von Zeit zu Zeit umdrehte, um einen zurückgebliebenen Ochsen zu schlagen, und mit kindlicher Freude rief: „Geh mit, du fetter Kerl; Heute Abend wirst du auf den Dampfwagen fahren, und morgen werden dich die Briten fressen. Und abgesehen von einer kleinen Ungenauigkeit in Bezug auf die Zeit hatte der ahnungslose Zaak völlig recht. Für ihn waren die Dampfwagen Wunderwerke aus dem Wunderland, und die Briten waren ein weit entferntes riesiges Monster mit einem mächtigen, unersättlichen Schlund.

III

Der junge Mann schloss die Tür zum privaten Schreibzimmer des Clubs, kehrte zum Tisch zurück, stellte sich neben seinen Begleiter und setzte sich.

„Rufus", sagte er, „wie bist du so tief reingekommen?"

„Nun", antwortete der Viehzüchter und blickte auf den Boden. „Ich bin ein Arsch, Jerry, einfach ein natürlicher Arsch. Mir ging es gut, es ging mir gut und ich lebte wie ein Lord, bis ich diese Holzfirma unterstützte. Als es ins Wanken geriet, versuchte ich mich zu retten, indem ich mir Geld borgte und es zurückhielt, bis die Panik vorüber war, aber es gelang mir nicht , und als die Sache scheiterte , hatte ich die nötigen Notizen. Ich wollte nicht verklagt werden, also habe ich mir das Geld geliehen. Es war eine große Summe, fast so viel, wie ich wert war, aber ich dachte, dass die Männer, von denen ich mir das Geld geliehen hatte, mich nicht drängen würden und dass ich wahrscheinlich irgendwie durchkommen könnte. Ich hätte vielleicht gewusst, dass der Absturz kommen würde, aber meiner Meinung nach ist es natürlich, den bösen Tag hinauszuzögern."

„Haben Ihre Gläubiger rechtliche Schritte eingeleitet?" fragte der junge Mann.

„Noch nicht", antwortete Alshire . „Am Donnerstag war ich in der Kreisstadt und kümmerte mich um meine Steuern, und während ich dort war, nahm mich William Farras , ein lokaler Manager der Ölgesellschaft, beiseite und sagte, dass meine Notizen durch einige Geschäftstransaktionen in seine Hände gelangt seien, und fügte hinzu er hoffe, dass ich in der Lage sei, sie zu bezahlen, da er in einer schwierigen Lage sei und eine beträchtliche Geldsumme auf einmal benötigen würde. Abends auf dem Heimweg hatte ich das Gespräch mit dem Bohrer, von dem ich gesprochen habe; und seine Aussage machte den Plan so klar wie das Tageslicht. Das Unternehmen geht davon aus, dass sich der Pool unter meinem Grundstück befindet, und hat, um sich das Grundstück zu sichern, meine ausstehenden Schuldscheine aufgekauft. Der Plan ist, mich sofort zu verklagen, das Land zu verkaufen und aufzukaufen."

Der Riese sprach langsam, die großen Muskeln seines Gesichts waren angespannt und seine Augen waren hart. Er hob seine schwere, geballte Hand und ließ sie langsam auf sein Knie sinken. „Ich habe die Rinder verschifft", fügte er hinzu, „um zu verhindern, dass sie angegriffen werden, und ich habe die ganze Sache von Ende zu Ende durchgegangen, und beim Teufel in der Hölle, ich sehe keine Möglichkeit, ihr Spiel zu stoppen."

Jerry Van Meter stand auf und ging zum Fenster. Die hoffnungslose Lage seines Freundes berührte ihn zutiefst und sein Herz war schwer in seiner Brust. Der Zustand der Dinge war umgekehrt. Seit seiner Kindheit hatte er sich mit seinen Problemen an den Riesen gewandt, und der Riese hatte immer einen Ausweg gefunden. Nun war der Mann zu ihm gekommen und er war hilflos. Er blickte auf den riesigen Viehzüchter, der regungslos dasaß, das Gesicht in den Händen, und Tränen sammelten sich in seinen Augen. Van Meter wusste zu viel von der Welt, um nicht zu wissen, dass der Mann ruiniert war. Schließlich wandte er sich an seinen Begleiter.

„Rufus", sagte er, „wir werden in mein Büro gehen und sehen, was getan werden kann."

Es war lediglich ein schwächlicher Schachzug zur Verzögerung. Tief in seinem Herzen wusste der junge Mann, dass die Sache hoffnungslos war.

Die beiden Männer standen auf und verließen den Club.

Das Leben von Jerry Van Meter war voller Ereignisse, die ebenso vielfältig und schnell waren wie das von Sindbad dem Seefahrer. Seine Eltern, die auf einer kleinen Farm in der Nähe von Rufus Alshires Anwesen lebten, waren gestorben, als das Kind Jerry noch ein Kleinkind war, und der riesige Viehzüchter hatte die Vormundschaft über den Jungen übernommen. Unter seiner Anleitung wurde der Junge ausgebildet und schließlich als Bankangestellter in einer der Kleinstädte eingesetzt. Aber der Abenteuergeist war in der Brust des jungen Jerry groß, und eines Morgens schloss er sorgfältig das Hauptbuch und verschwand im Nordwesten. Hier zog er Zähne für einen umherziehenden Zahnarzt, trommelte für ein Seifenhaus und reiste mit einem Zirkus. Aber er hatte einen glücklichen Stern, der nicht immer verborgen blieb; Und als der Boom St. Paul erreichte, strömte Jerry herein, kaufte weit und breit und nahm zehntausend Dollar in Gold mit, die er prompt in einem Eimerladen in Chicago abwarf. Ein Brief an das gute Genie Alshire brachte einen Scheck über einhundert Dollar und neun Seiten mit Ratschlägen.

Mit diesem Geld in der Tasche reiste Jerry weiter an die Pazifikküste. Hier mixte er Getränke in einer Bar und übte die wichtige Funktion eines Nachtschreibers in einem Restaurant aus, bis sein Star wieder auftauchte und Jerry zufällig auf eine aufgegebene Forderung stieß, die ihm siebentausend Dollar einbrachte. Er gab die hundert Dollar und den abgenutzten, aber schlecht beachteten Ratschlag nach Alshire zurück und machte sich auf den Weg in den Osten. In St. Louis interessierte er sich intensiv für bestimmte Pferderennen, und zehn Tage später landete er bronzefarben, bärtig und pleite in Virginia. Der Riese Alshire lachte über die Eskapaden dieses Jugendlichen, bis ihm die Seiten schmerzten, gab ihm einen weiteren Scheck und den alten Ratschlag mit verschiedenen Ergänzungen, und der ruhelose

Mr. Van Meter ließ sich in die Metropole New York hinab. Hier bewies sein Stern Beständigkeit, und er wurde Versicherungsmakler und Mann der Geschäfte.

Die beiden Männer gingen langsam die Stufen des Clubs hinunter und überquerten die belebte Durchgangsstraße. Als sie den gegenüberliegenden Bordstein betraten, wurden sie von einem scharfen Schrei erschreckt, und als sie sich plötzlich umdrehten, sahen sie einen kleinen Mann auf der Straße stolpern und nach vorne fallen, direkt vor einem herannahenden Postwagen. Die großen Pferde waren fast bei ihm und rasten in einem langen, schwungvollen Trab auf ihn zu. Der Fahrer schaute im Moment nicht hin, aber es war zu spät für ihn, den drohenden Unfall zu verhindern, selbst wenn er es getan hätte. Der Riese Alshire rannte auf die Straße, fing die Pferde ein und warf sein schweres Gewicht gegen die Eisenstücke. Die schweren Percherons bäumten sich auf und ließen sich wieder auf die Hüften fallen, die Deichsel des Wagens schoss nach vorne und streifte die Schulter des Riesen, und die Räder blieben für einen Moment fast am Körper des am Boden liegenden Mannes stehen. In diesem Moment zerrte Van Meter den unglücklichen Fußgänger unter dem Bauch der Pferde hervor. Der Riese trat schnell zur Seite, und die Pferde stürzten schwerfällig auf dem Kopfsteinpflaster vorwärts und zogen weiter die Straße entlang, während der halb benommene Kutscher sich nicht einmal umdrehte, um festzustellen, was wirklich passiert war.

Der kleine Mann wischte mit dem Ärmel seines Mantels den Staub von seinem Hut und blickte zu seinen Befreiern auf.

„Nun", sagte er, „Randolph Mason war kurz davor, seinen Angestellten zu verlieren. Ich glaube, ich bin über diese höllische Schiene gestolpert."

Ein großes Licht erschien im Gesicht von Jerry Van Meter. Er näherte sich dem kleinen Mann und packte ihn an der Schulter. „Randolph Mason!" Er sagte: „Ist Randolph Mason in New York?"

„Ja", antwortete der kleine Mann. „Ich bin sein Angestellter. Parks ist mein Name. Mr. Mason ist hier, aber —" Dann hielt er abrupt inne.

Der nun aufgeregte Van Meter schüttelte den kleinen Mann fast grob an der Schulter.

„Gut", rief er, „gut, wir müssen ihn sofort sehen."

Der Angestellte Parks blickte auf seine schmutzige Kleidung und den Staub auf seinen verletzten Händen.

„Meine Herren", sagte er langsam, „es verstößt gegen die strenge Anordnung der Ärzte, aber unter den gegebenen Umständen weiß ich nicht ganz, wie ich das ablehnen soll."

IV

R ANDOLPH MASON beugte sich vor und schlug mit der Hand heftig auf die Armlehne seines Stuhls.

„Vierzigtausend", sagte er scharf, „Sie schulden diese Summe, Sir?" Sein Gesicht sah alt, eingefallen und von dicken dunklen Linien durchzogen aus, aber seine Augen leuchteten unter seinen struppigen Brauen.

„Ja", antwortete der Grazer , „voll und ganz."

„Um diesen Betrag in bar zu sichern", fuhr Mason fort, „wird es notwendig sein, mit einer Bank oder Sparkasse zu verhandeln, deren Präsident oder ein mächtiger Direktor Anwalt ist." Diese Bedingung wird in fast jeder Kleinstadt des Landes zutreffen, und wenn meine Anweisungen strikt befolgt werden, kann der Plan ausgeführt und das Geld in sehr wenigen Stunden gesichert werden. Der Plan ist einfach und unkompliziert. An erster Stelle--"

„Aber", sagte der Riese Alshire , „ich will nicht das Geld anderer Männer." Ich möchte kein Verbrechen begehen."

Die Adern auf Randolph Masons Stirn wurden schwarz vor Wut.

"Ein Verbrechen begehen!" er weinte. „Kein Mann, der meinem Rat gefolgt ist, hat jemals ein Verbrechen begangen. Kriminalität ist ein technisches Wort. Es ist die Bezeichnung des Gesetzes für bestimmte Taten, die es gerne definiert und mit einer Strafe ahndet. Niemand außer Narren, Dummköpfen und Kindern begeht Verbrechen."

„Nun", antwortete der Grazer , „ob der Plan, den Sie vorschlagen werden, ein Verbrechen ist oder nicht, es ist sicherlich ein moralisches Unrecht, und ich habe nicht den Wunsch, eine Bank auszurauben, indem ich auch nur ein moralisches Unrecht begehe."

Randolph Mason stand langsam auf und zeigte mit dem Finger auf den riesigen Alshire .

„Die alte Geschichte", spottete er, „ein Kind hat Angst vor einem Kobold." Moralisch falsch! Ein Name, der dazu dient, Narren zu erschrecken. Es gibt keine solche Sache. Das Gesetz legt den einzigen Maßstab fest, nach dem sich das Handeln des Bürgers richten soll. Was das Gesetz erlaubt, ist richtig, sonst würde es es verbieten. Was das Gesetz verbietet, ist falsch, weil es es bestraft. Dies ist die einzige rechtmäßige Maßnahme, die einzige Maßnahme, die den Stempel und die Sanktion des Staates trägt. Alle anderen sind unecht, gefälscht und ungültig. Das Wort

Moral ist ein rein metaphysisches Symbol, das keine größere intrinsische Kraft besitzt als das radikale Zeichen."

„Ich bitte um Verzeihung, Mr. Mason", sagte Van Meter und mischte sich in das Gespräch ein, „aber ich bin mir ziemlich sicher, dass Sie die Bitte meines Freundes missverstehen. Er versucht nicht, irgendeinen Geldbetrag zu sichern. Er möchte lediglich das Eigentumsrecht an seinem Land behalten und dessen Verkauf verhindern, bis er den Umfang seiner Ölproduktion ermitteln kann."

„Für wie lange?" fragte Mason.

„Nun", sagte der Viehzüchter , „ich weiß es kaum. Ein Jahr könnte ausreichen, oder sogar weniger als ein Jahr; Andererseits kann es aber auch mehrere Jahre dauern. Sehen Sie, wenn ich verhindern kann, dass das Land verkauft wird, und es in meinem Namen behalte, bis das Gebiet erschlossen ist, dann kann ich, wenn Öl in lohnenden Mengen gefunden wird , alle diese Rechnungen erfüllen, und wenn das Land trocken ist, geht es mir nicht schlechter aus. Auf jeden Fall möchte ich das Land behalten und sehen."

„Gibt es gegen Sie aktenkundige Urteile?" fragte Mason.

„Noch nicht", antwortete Alshire , „aber Farras bereitet sich darauf vor, die Schuldverschreibungen zu verklagen und den Verkauf voranzutreiben." Kann ich ihn aufhalten? Kann ich den Verkauf aufschieben?" In der Stimme des Viehzüchters lag Besorgnis .

mit unsicheren, nervösen Schritten durch den Raum auf und ab zu gehen
.

„Einfach", murmelte er, „einfach wie Lügen lernen." Dann blieb er am Tisch stehen und blickte scharf auf den großen Alshire .

„Haben Sie zwei Freunde", fragte er, „Nichtansässige Ihres Staates, denen Sie vertrauen können?"

„Ja", antwortete der Grazer , „Mr. Van Meter hier in New York und Morgan Gaston jetzt in Ohio, sie werden mir beide zur Seite stehen."

„Dann", sagte Mason, „hören Sie mir zu und tun Sie, was ich rate, und der Verkauf Ihres Eigentums wird von heute so weit entfernt sein, wie es heute Nachmittag scheint." Schließen Sie zunächst einen Ölpachtvertrag für eine lange Laufzeit, beispielsweise dreißig Jahre, an Ihren nicht in Ohio ansässigen Freund ab und gewähren Sie ihm alle Ölprivilegien. Nehmen Sie jedoch zu Ihrem eigenen Schutz im Falle des Todes des Pächters Folgendes in die Urkunde auf: Klausel, die dem Vermieter das Recht einräumt, den Mietvertrag jederzeit durch Zahlung eines geringen Betrags zu kündigen. Lassen Sie aus der Urkunde auch hervorgehen, dass die gesamte

Entschädigung für den Leasingvertrag vollständig im Voraus bezahlt wurde. Schließen Sie dann einen weiteren Mietvertrag ab und vermieten Sie alle Ihre verbleibenden Eigentumsrechte an Ihren Freund, Herrn Van Meter aus dieser Stadt. Lassen Sie diesen zweiten Mietvertrag für eine ähnliche Laufzeit und mit ähnlichen Bestimmungen wie den ersten abschließen und die gesamte Entschädigung dafür ebenfalls im Voraus bezahlen. Dann müssen Sie nur noch die Dokumente aufnehmen, einen Anwalt beauftragen und sich in den Schatten Ihres Hauses setzen. Die Haare auf Ihrem Kopf werden erheblich gelichtet sein, bevor der Rechtsstreit über Ihre komplizierten Angelegenheiten in einem endgültigen Verkaufsurteil endet." Rufus Alshire beugte sich vor und hörte gespannt zu. „Aber wird Farras mich nicht verklagen", fragte er, „wird er nicht die Mietverträge angreifen?"

„Sicherlich", sagte Mason, „wird er sofort eines von zwei Dingen tun; Entweder wird er eine Klage wegen der Banknoten einreichen, oder er wird versuchen, die ganze Angelegenheit in einer Kanzleiklage zu klären. Wenn er vor Gericht klagt, wehren Sie sich und versuchen Sie, sich durch die höheren Gerichte zu kämpfen. Wenn er schließlich in Ihrem Staat ein rechtskräftiges Urteil erwirkt, wird er gezwungen sein, eine Klage vor der Kanzlei einzureichen, um das Land zu verkaufen. In jedem Fall muss er endgültig vor ein Kanzleigericht gehen und die Inhaber dieser Pachtverträge als Beklagte seiner Klage einbeziehen. Wenn dies geschieht, dürfen die nichtansässigen Mieter nicht erscheinen, und er kann die Zustellung für sie nur durch eine Veröffentlichungsanordnung in Anspruch nehmen. Sie allein werden diese Kanzleiklage vor den Unter- und Obergerichten bekämpfen, und kurz bevor das Gericht der letzten Instanz einen Verkauf des Grundstücks anordnet, muss einer der gebietsfremden Pächter erscheinen , und zwar aufgrund der für ihn geltenden gesetzlichen Bestimmung Fälle einreichen, seine Revision einreichen und die ganze Angelegenheit eröffnen, den Verkauf anordnen, den Fall immer wieder vor dem Obergericht verhandeln. Wenn dieser neue Rechtsstreit endlich zu Ende geht und der Verkauf des Grundstücks erneut angeordnet wird, muss der verbleibende Nichtansässige erscheinen, seine Klage beim Bezirksgericht der Vereinigten Staaten einreichen, den Verkauf anordnen und seinen Kampf fortsetzen.

„Zu diesem Zeitpunkt", fuhr Mason fort und legte seine knochige Hand auf die Schulter des Riesen, „werden wahrscheinlich graue Streifen in Ihrem Bart sein, und wenn Sie diesen Rechtsstreit bis in alle Ewigkeit weiterführen wollen, müssen Sie nur noch einen Nebenerben hervorbringen." ."

Der riesige Alshire blickte zu dem seltsamen Mann neben ihm auf. „Ist das alles möglich?" fragte er erstaunt.

Randolph Mason antwortete nicht sofort; Er ging stolpernd durch das Zimmer zu seinem Stuhl und setzte sich an den Tisch. Seine Gestalt war dünn und hager, und die Adern entlang der Stirn waren violett und geschwollen. Nach einer Weile drehte er sich zu dem mächtigen Viehzüchter um , sein Gesicht war hässlich und höhnisch. „Vor dem Gesetz", sagte er, „sind alle Dinge möglich – sogar die Gerechtigkeit."

V

Eines Morgens im frühen Winter sah das rotschimmelige Pferd, den Kopf über den hohen Zaun seiner Weide gebeugt, zwei Männer auf der benachbarten Wiese stehen und schweigend einen riesigen Bohrturm betrachten. Den einen erkannte er sofort als seinen Meister Rufus Alshire , und der andere ähnelte in hohem Maße einer gewissen widerwärtigen Person, die in einer denkwürdigen Sommernacht seine gepflegte Mähne mit höchst unangenehmem Petroleum beschmiert hatte.

Da sprach der Viehzüchter . „Ich denke, dass es für Jerry jetzt nicht nötig sein wird, sich auf die Langeweile der Bundesgerichte zu berufen, es scheint hier genug Fett zu geben, um alles zu bezahlen und die Klagen abzuschließen."

Der Bohrer schaute zu dem Öl hinauf, das von den Balken des Bohrturms herabströmte; dann machte er mit seinem bloßen rechten Arm eine gewaltige, kantige Geste.

„Viel Spaß!" Er sagte: „In diesem Loch ist genug Geld, um die Staatsschulden zu begleichen."

DIE REGEL GEGEN CARPER

ICH

C ARPER konnte sich nicht erinnern, jemals zuvor die hässlichen Details des Gerichtssaals bemerkt zu haben – die hohe, schmutzige Decke, die Reihen von Bänken, abgenutzt, kaputt, leer wie das Herz eines Narren, den Schreibtisch des Gerichtsschreibers und die anmaßende Bank des Gerichtssaals Richter; Auch die langen Tische für die Anwälte, überhäuft mit Papieren, Büchern und staubigen Einbänden, ein Chaos an Unordnung – wie hässlich sie waren!

Carper blickte zum Richter auf. Das schwarze Seidengewand des Mannes fiel in scharfen, geraden Falten ab; Er saß aufrecht wie aus Bronze und hatte das Gesicht halb dem Fenster zugewandt, um die vor ihm liegende Zeitung besser lesen zu können. Wie die Macht dieses Gesicht verändert hatte! Carper erinnerte sich in Gedanken daran, dass das Gesicht dieses Mannes vor Jahren süß, zart und voller Freundlichkeit gewesen war. Jetzt war es so hart wie weißes Elfenbein.

Die Anwälte am Tisch unterhielten sich im gedämpften Flüsterton; Carper hörte nichts; Er fragte sich vage, ob die langen, schlanken Finger des Richters jemals so schmerzten wie sein Kopf. Die Vermutung war einzigartig.

Für Carper war es schwierig, sich seiner Position bewusst zu werden. Seine Kleidung war sicherlich besser als die jedes anderen Mannes im Gerichtssaal. Er war sich ziemlich sicher, dass sein Gesicht dieselbe kraftvolle, klar geschnittene, unbewegliche Maske war wie immer. Die Welt wusste es nicht, sie ahnte es nicht einmal. Hätte man den Sachbearbeiter dort nach einer Finanzbewertung von Russell Carper gefragt, hätte der Sachbearbeiter mit der Schulter gezuckt und einen sechsstelligen Betrag an den Rand seiner Akte geschrieben. Doch das war das Ende, das Ende.

Drüben am Fenster stand ein Gefangener im Gewahrsam des Marschalls. Der Mann war arm, erbärmlich arm; seine Kleidung war sauber, abgenutzt, uralt wie das Gesetz. Carper kannte die Geschichte. Der Mann war ein kleiner Ladenbesitzer; Seine Frau sei krank und liege im Sterben, sagte der Stellvertreter. Es gab auch Kinder, hungrig, nackt, absurd elend, und das Verbrechen – eine geringfügige Steuerverstöße. Er müsste sofort seine Geldstrafe bezahlen und würde andernfalls in eine Zelle gesperrt. Es war das Gesetz, herzlos wie ein Bild. Doch Carper fragte sich lustlos, ob jemand von jenseits der Welt auf der Suche nach dem Guten diesen Mann nicht nehmen und die anderen zurücklassen würde, alle anderen zurücklassen würde – den Richter mit seinem blaugeäderten Patriziergesicht, die Angestellten mit ihren schlanken Kiefern, die Anwälte mit ihrem Ausdruck abscheulicher Gleichgültigkeit und er selbst. Nun, die Maschinerie der menschlichen Justiz war schief. Dann wunderte er sich über den Zustand, der diese Vermutung hervorbrachte. Wie war es möglich, so träge über den Zustand eines anderen nachzudenken, wenn sein eigener gefährlich war? Dennoch sollen solche Spekulationen bei Menschen in großen Krisen und am Rande des Grabes stattgefunden haben.

Dann legte der Richter seine Papiere nieder und begann zu sprechen. Carper hörte ihn wie jemanden, der aus großer Entfernung sprach. Zuerst schienen die Worte undeutlich und bedeutungslos zu sein; dann fing er sie voll auf, wie jemand, der aufwacht, plötzlich die Unterhaltung seines Mitmenschen auffängt und versteht.

„Der Bericht unseres Kommissars", sagte der Richter, „zeigt, dass dieser Insolvenzverwalter jetzt dreihundertsiebzehntausend Dollar in seinem Besitz hat, die den Aktionären der Massachusetts Iron Company gehören." In einer früheren Amtszeit dieses Gerichts wurde ein Beschluss erlassen, der den Insolvenzverwalter anwies, diesen Fonds gemäß einem früheren Beschluss zu verteilen. Zu diesem Zeitpunkt wurde dieser Anordnung mit der Begründung widersprochen, dass das Dekret nicht ausreichend klar sei; Dieser Einspruch wurde vom Gericht nach Prüfung zurückgewiesen. Später wurde beantragt, die Zahlung mit der Begründung zurückzuhalten, dass diese Anordnung unvorsichtig erteilt worden sei, und es wurde ein Antrag auf Widerruf gestellt, der ebenfalls zurückgewiesen wurde. Und noch später hat der Anwalt des Insolvenzverwalters unzählige technische Einwände vorgebracht, die dieses Gericht allesamt für unzureichend und trivial hält."

Zu diesem Zeitpunkt tauchte einer der Anwälte von Carper auf. „Euer Ehren", sagte er, „wir bitten darum, zur Verteidigung unseres Mandanten gehört zu werden." Wir denken, dass sich noch zeigen lässt, dass diese Anordnung nicht durchgesetzt werden sollte." Dann setzte er sich.

Die blauen Adern im Gesicht des Juristen wurden dunkler. „Meine Herren", fuhr er fort, „kann jetzt nicht gehört werden. Die Zeit dieses Gerichts wurde bereits durch unnütze Auseinandersetzungen in Anspruch genommen. Gestern haben die Aktionäre der Massachusetts Iron Company eine Regelung beantragt, die Russell Carper, den Insolvenzverwalter, dazu verpflichtet, zu erscheinen und gegebenenfalls eine Antwort zu geben, warum er nicht wegen Missachtung der Anordnungen dieses Gerichts verhaftet und bestraft werden sollte. Die Regel, dass ich angeordnet habe, die Rückgabe morgen früh um zehn Uhr vorzunehmen."

Der Richter reichte das Papier an den Gerichtsschreiber weiter und wies an, den nächsten Fall anzurufen. Dann lehnte er sich in seinem Stuhl zurück, mit der großen Unbekümmertheit eines Menschen, der sich dem Griff seiner Kameraden entzogen hat.

Es war das Ende. Aber für Carper war alles genauso unwirklich wie gestern. Er schien von der Szene und damit auch von sich selbst verschwunden zu sein, ein müßiger Zuschauer. Seine Anwälte flüsterten ernst. Sie sagten ihm, dass das Spiel nun ausgespielt sei. Es gab nichts mehr zu tun. Er muss seinen Bankier anweisen, das Geld zurückzuzahlen. Selbst diese angeheuerten Kämpfer ahnten es nicht; Sie gingen davon aus, dass die Verzögerung sich positiv auf einige Aktiengeschäfte auswirkte. Die Wahrheit – nur er, Carper, kannte die Wahrheit. In der großen Täuschung lag grimmiger Humor.

Auf dem Weg aus dem Gerichtssaal blieb Carper stehen und reichte dem Gerichtsschreiber den einzigen Schein in seiner Tasche. Es würde die Geldstrafe des Ladenbesitzers bezahlen. Das Ganze war eine äußerst clevere kleine Komödie, und er wollte sehen, wie die Sonne wieder in das Gesicht des Ladenbesitzers strahlte.

Carper hatte den langen Nachmittag gehabt, um einen Plan zu schmieden, einen Ausweg zu planen, aber er ließ ihn verstreichen wie jeden freien Tag. Sein Geist war träge, absurd träge. In all den anderen Krisen seines Lebens war es unruhig gewesen wie eine verwehte Welle. An diesem Tag war es träge. Als es das Ende erkannte, verschränkte es die Arme. Es war schwer zu begreifen, dass seine Karriere wie eine morsche Naht aufgerissen wurde. An diesem Nachmittag hatte sein Makler vertraulich von einem bestimmten Eisenbahnunternehmen gesprochen. Männer aus dem Westen hatten um die Verwendung seines Namens bei der Gründung eines Trusts gebeten, der die Kupferminen eines Staates umfasste. Er war gebeten worden, für eine große Wohltätigkeitsorganisation zu spenden. In dieser Nacht, der letzten Nacht, gab es in seiner Bibliothek noch keine Spur von der Ruine, die neben dem Herdstein lag. Das Feuer war warm; die Umgebung wirkte luxuriös; die Regale waren mit Büchern gefüllt; Von den Mauern blickten die strengen Gesichter seiner Vorfahren herab, hochmütig und unerbittlich, wie ihr Leben es gezeigt hatte. Es war schwer zu begreifen, dass er ein Veruntreuer und Bankrotteur war, der über einem leeren Abgrund an einer Grenze schwebte, die morgen unterbrochen werden würde.

Fünf Jahre lang war er Konkursverwalter der Massachusetts Iron Company. In diesen fünf Jahren hatte er mit der Hingabe eines Meisters auf der Straße gekauft und verkauft. Er hatte die Mittel dieser Firma so verwendet, wie ein Arbeiter ein Werkzeug benutzte, das in seiner Werkstatt zurückgelassen wurde. Er hatte große Summen gewonnen und verloren, bis es schien, als würde ihm die Erde unter den Füßen weggleiten.

Dann erwischte ihn der Einbruch der Aktien eines großen Eisenbahnsystems, und er hatte jeden Dollar dieses Treuhandfonds investiert und sah zu, wie er wie ein Dampf verschwand. Trotzdem wusste es niemand.

Carpers Ruf stand auf der Straße makellos, in perfekten Umrissen, eine leere Hülle – aber niemand wusste es.

Als die Aktionäre der Massachusetts Iron Company schließlich eine Umstrukturierung forderten, hatte er bei jeder Verzögerung des Gesetzes die besten juristischen Talente eingesetzt und sich durchgesetzt. Der Kampf dauerte Jahr für Jahr, von Gericht zu Gericht. Befehle waren eingegeben und aufgelöst worden; es wurden Dekrete erlassen und aufgehoben; Anhörungen waren von übergeordneten Gerichten bewilligt worden, und es gab erneute Anhörungen , aber das lange verzögerte Ende kam endlich.

Die Aktionäre hatten eine Regelung beantragt. Es handelte sich um das umfassendste Verfahren, das das Gesetz kennt. Morgen muss er das Geld bezahlen oder als Schwerverbrecher ins Gefängnis gehen. Das Ende zeichnete sich ab wie die zerklüfteten Umrisse einer Klippe.

Für Carper erschien dieses Ende schrecklich ungerecht. Er hatte so hart gearbeitet, so hart: das Beste, was in ihm war; Die guten Tage seines Lebens waren dieser Arbeit gewidmet worden. Es war sein Kindheitstraum gewesen, ein Faktor in großen Angelegenheiten zu sein – die bittere Arbeit seiner Jugend und zum Teil die Verwirklichung seines mittleren Lebens. Alles andere hatte er mit einer Hand weggeschnitten, die kein einziges Mal gezittert hatte. Es war sein Recht zu gewinnen, wenn es irgendwo Gerechtigkeit gab. Aber morgen war Schluss. Morgen würde ihn das Gericht bis auf die Knochen nackt ausziehen.

Er hatte schon so manchen eleganten Pfarrer gehört, der leichtfertig über die ewige Gerechtigkeit der Vorsehung sprach. Dann glaubte er, dass es mit einem Fünkchen Wahrheit nicht stimmte . Nun war es völlig klar, dass es nichts war , sondern falsch; eine angenehme Lüge wie das Hausfrauenmärchen.

Carper nahm die Zigarre zwischen seinen Zähnen hervor und ließ sie auf den Kamin fallen. Das Spiel des Lebens war ein hässliches Spiel. Er gestand, dass er das Interesse an dem Stück verloren hatte. Als dieser Gedanke ihn nun nahelegte, erkannte er, dass er die ganze Zeit das Interesse verloren hatte. Es war die Trägheit, gegen die er gekämpft hatte – die Plage der Trägheit, und das ohne Erfolg. Es war eine Welt, in der man, wenn man still saß, in Monotonie versunken war; und wenn jemand arbeitete, dann nur zu dem Zweck, in der Luft fliegende Schiffe zu bauen, die, als sie alle fertig waren, stumpfsinnig auf der Erde lagen oder zufällig schwer auf den Erbauer fielen und ihm das Herz zerschmetterten. Er konnte nicht verstehen, warum Männer manchmal sagten, das Leben sei gut.

Carper hatte, so glaubte er, in nicht wenige Kammern des Tempels geschaut. In jedem saß die gleiche Kapuzengestalt. Wenn Ruhm gegeben wurde, wurde der Schädel im Allgemeinen mit der Krone zerquetscht. Wenn Reichtum gegeben wurde, brach das Gewicht den Rücken. Wenn Liebe geschenkt wurde, – ja, das Herz wurde meist damit gebrochen, – Liebe!

Carper stand auf, ging zu einem Schrank in der Wand, schloss die Tür auf und holte ein großes Foto heraus, das er zum Feuer brachte. Es war das Bild einer jungen, schönen Frau, die vor der Kraft des Lebens zitterte; die Masse ihres dunklen Haares war aus ihrer Stirn zurückgesteckt; die Augen waren groß, klar, durchsichtig; Die Nase war gerade wie die Kanten eines Würfels und die Kehle rund, voll und wunderbar geformt . In der Kopfform spiegelten sich der Stolz der Abstammung und die unerbittliche Strenge der Reinheit. Es war ein schönes Gesicht, das aus einem tadellosen Leben hervorging, stark, unschuldig und anspruchsvoll wie ein Kind.

Der Mann stellte das Bild auf den Kaminsims und setzte sich ans Feuer. Dieser Tag war nun sieben Jahre her – sieben Jahre! Der gestrige Tag liegt nicht weiter zurück. Jedes Detail war klar. Der Schock hatte sie tief in sein Herz eingeprägt. Er hatte diese Frau geliebt, wie ein Mann nur ein einziges Mal liebt. Er vertraute sein Leben ihrer Obhut an; er würde von ihr alles verlangen, was diese Frau geben konnte; alles aus süßer Gemeinschaft, ganz aus zärtlicher Anteilnahme, ganz aus Liebe. Sie war die einzige Frau auf der Welt. Der Ausdruck ist eine Plattitüde, aber die Tatsache war für Carper genauso real wie die grünen Bäume und das Sonnenlicht. Man hätte diesen Mann ebenso wenig davon überzeugen können, dass andere Frauen einige der Reize des Lebens besaßen, wie man ihn hätte davon überzeugen können, dass Licht eine Flüssigkeit sei. Seine Liebe hatte die Macht einer Religion erlangt; es war weiter gegangen – es hatte die Majestät eines Gesetzes erlangt.

Dann kam der Schlag. Carper war mit einer Kiste voller Juwelen zu dieser Frau gegangen, dem Gewinn eines Wagnisses. Er erinnerte sich, wie glücklich sie gewesen war: wie das Licht der Vertrauenswürdigkeit in ihren Augen tanzte; wie sie die Juwelen zum Fenster getragen hatte, um zu sehen, wie sich die großen Rubine in Blutstropfen verwandelten, dann hatte sie sich mit einem verspielten Lächeln umgedreht und ihn gefragt, wie er eine so große Summe verdient hatte, und er, wie ein elender Narr, war damit herausgeplatzt, dass es sich um einen Teil seines Gewinns bei einem Geschäft auf der Straße handelte – einem Geschäft, bei dem er ein kleines Bankhaus ruiniert hatte, indem er sich die Vorteile seines unwissenden Fehlers zunutze machte. Es war der größte Fehler.

Carper erinnerte sich, wie das Blut aus dem Gesicht dieser Frau verblasste und es aschgrau zurückließ; wie sich der dumpfe Schmerz in ihren Augen sammelte; wie sie zu ihm herübergekommen war, die Juwelen langsam in das Kästchen geworfen hatte und dann wortlos zurückgegangen war und sich ans Fenster gesetzt hatte. Und er wusste, dass die Frau, die er liebte, außer

Reichweite seiner Finger war. Die Leine seiner Liebe war in seinen Händen abgerutscht und zurückgeschnappt.

Er erinnerte sich an die Wirkung auf ihn selbst als etwas, das dem , was Schriftsteller Männern unter ähnlichen Bedingungen zuschreiben, völlig fremd war. Es gab keinen betäubenden Horror; keine Lust, Gefühle gewaltsam zu demonstrieren. Es kam lediglich zu einem vagen Kraftverlust, als ob der Grund der Quelle der Lebenskraft versiegt wäre, und dann wurde er krank – körperlich krank. Der materielle Mann wurde zuerst verletzt und brach zusammen, ganz so, als hätte man ihm eine Granate durch den Bauch geschossen. Er spürte nichts von den übertriebenen Emotionen, die der Schauspieler hervorrief.

Es war die alltägliche Krankheit eines schrecklichen körperlichen Schlags.

Als die Übelkeit vorüber war, war er zu ihr gegangen und hatte sie gebeten, zu erfahren, was das alles zu bedeuten habe, obwohl er es genauso gut wusste wie sie. Die Frau hatte ihn mit großen, vor Schmerz abgestumpften Augen angesehen und gesagt, dass sie ihn für einen ehrenwerten Mann gehalten und ihn dafür geliebt habe, dass sie nun aber die Wahrheit kenne und niemals die Frau eines unehrlichen Mannes werden würde .

Er hatte damals seine Argumente vorgebracht, und sie waren gut. Das Unternehmen war völlig legitim und wurde von den Geschäftsleuten des Landes so anerkannt und behandelt, ja, mehr noch, es wurde vom Gesetz so angesehen. Das waren die Maßstäbe; es gab keinen anderen. Die Geschäftsbräuche und das Gesetz waren die Rechtsregeln auf den Marktplätzen. Ihre Weisheit war unbestritten. Es war das Ergebnis aller Erfahrungen der Rasse, die Schlussfolgerung weiser Männer, die mit den gegebenen Umständen zu kämpfen hatten. Hatte sie ein Recht zu sagen, dass diese Standards falsch waren? Er appellierte an ihren Sinn für Gerechtigkeit. Konnte sie das Recht dieser Transaktion besser weitergeben als alle Kaufleute, die in den Bräuchen des Handels gelernt waren, – als alle Juristen, die in der Weisheit des Gesetzes gelernt waren? War sie besser in der Lage?

Carper wies darauf hin, dass sie in einer Atmosphäre der Reinheit lebte, weit über dem Lärm des Kampfes ums Leben; ein Land des verfeinerten Rechts, der verfeinerten Gerechtigkeit, der verfeinerten Ehre, großartig, aber nicht die Welt. Die Welt hatte keinen perfekten Code; es war kein perfekter Ort; Es sollte nicht so sein, sonst wäre es so gemacht worden. Es war ein gleichgültiger Ort, an dem das unerbittliche Gesetz des Überlebens des Stärkeren herrschte und an dem die Menschen um Halt und die Annehmlichkeiten des Lebens kämpften. Man muss sich den Bedingungen anpassen, wie sie waren, oder an die Wand gehen. Es war Torheit, es war Idiotie, es war Wahnsinn, etwas anderes zu tun.

Der Handel war wie die Natur – erbarmungslos. Es gab kein Maß an Rücksichtnahme auf den Schwächling oder den Narren. Der Kampf war erbittert, erbarmungslos und von gefährlichen Wendungen geprägt. Wenn jemand gefangen und gebrochen wurde, lag die Schuld an dem traurigen Plan der Dinge, und dies behauptete eine göttliche Intelligenz, und die Menschen konnten diese göttliche Intelligenz nicht in Frage stellen. Dieser Zustand der Welt war vielleicht nicht der reinste oder glücklichste, aber er war der Zustand der Welt. Es war Gottes Weg. War es klug, es böse zu nennen?

Dann wechselte er. Er erinnerte sie daran, dass sie versprochen hatte, mit ihm durchs Leben zu gehen. Es war ein Vertrag, den sie nicht brechen durfte. Die Position, die sie vertrat, war ein schrecklicher Widerspruch. Sie missbilligte die Handelsbräuche, und dennoch gab es keinen Kaufmann auf dem Markt, der seinen Vertrag aufkündigen würde. Sie warf dem Gesetz vor, die höchsten Nuancen des Rechts nicht anzuerkennen, und doch war sie dabei, etwas zu tun, was das Gesetz, selbst in seiner Grobheit, als Unrecht ansah und bestrafte. Sie konnte auf diesem Boden nicht stehen und tun, was sie tat. Sollte sie ihn auch dann bestrafen, wenn er etwas Unrechtes getan hatte? Das Laster ihrer Position schrie auf. Ihr Versprechen war gegeben worden. Es war unveränderlich. Es war ihre Aufgabe, ihre Meinung zu kennen und zu entscheiden, was sie tun wollte. Sie kannte ihn seit Jahren. In diesen Jahren hatte es genügend Zeit gegeben, Nachforschungen anzustellen, Schlussfolgerungen zu ziehen und Entscheidungen zu treffen. Niemand hatte die Freiheit ihrer Agentur eingeschränkt. Sie war endlich Vertragspartei dieses Vertrags geworden. Konnte sie es jetzt ablehnen, wie der gewöhnliche Schurke, dem es an Prinzipien mangelte?

Er forderte sie auf, sich an die Bedeutung dieses Vertrags zu erinnern. Es betraf ihr Leben, sein Leben, vielleicht auch das Leben anderer. Er hatte alles zu diesem Zweck gestaltet. Hatte sie das Recht, alles rücksichtslos zu zerstören? Was würde sie von jemandem denken, der, nachdem er sich verpflichtet hatte, einen anderen in ein unbekanntes Land zu begleiten, ihn plötzlich am Rande des Landes zurücklassen würde? Was würde sie von jemandem denken, der sich bereit erklärt hatte, mit einem anderen in ein unbekanntes Meer zu gehen, und ihn, nachdem dieser sein Schiff bereit gemacht hatte, am Rande des Wassers zurücklassen sollte? Ging es ihr besser als diesen?

Die Frau hatte überhaupt nicht geantwortet; Dunkle Ringe hatten sich um ihre Augen gebildet, und die volle Muskulatur ihres Halses entspannte sich und sank.

Dann erinnerte sich Carper daran, wie er sich neben sie gekniet und ihre Hand in seine eigene genommen hatte – ihre Hand, schlaff, kalt, ein totes Ding.

Außerdem hatte er weitergemacht, er liebte sie; Sie war die einzige Frau in seinem Herzen. Es könnte niemals einen anderen geben. Tag und Nacht und jeden Tag und jede Nacht weinte sein Herz um sie wie ein gequältes Kind! Es gab nichts anderes auf der ganzen Welt, nach dem man leben und streben konnte. Er hatte gelernt, sie mit jeder Hoffnung, jedem Gefühl, jedem Ehrgeiz seines Lebens zu verbinden. Wie sollte er ohne sie weiterleben! Was soll er mit seinen leeren Tagen anfangen! Der Stolz trug ihn vielleicht einige Zeit lang zum Krüppel, aber die Ausdauer eines Mannes hatte eine Grenze, und was war dann – was war dann mit seinen leeren Tagen?

Wenn er etwas falsch gemacht hätte, könnte Gott einen Weg finden, ihn außerhalb ihrer Liebe zu bestrafen. Außerdem brauchte er sie umso mehr, wenn er etwas falsch machte. Er brauchte sie, um sein Leben abzurunden, um ihm Ehre, Reinheit und Recht zu verleihen. Gott hatte sie gesandt, dieses gute Werk zu tun. Würde sie sich weigern, nur weil die Welt nicht der Ort war, für den sie sie hielt? Meister des Lebens! Ohne sie wäre die Welt abscheulich leer. Er würde gehen, wohin sie wollte; alles tun, alles sein, sie wünschte sich. Es war nicht der Beifall der Menschen, den er in diesem Leben wollte, noch die Menge der Dinge. Es war ihre eigene Hand; ihre Stimme in seinen Ohren; ihr Bild für immer in seinem Herzen. Er konnte nie wieder zu seinem Standpunkt zurückkehren.

Sie hatte den Mund von etwas in seiner Brust gelöst, das nach ihr schrie. Es wäre mit keinem anderen zufrieden. Es würde für keinen anderen still sein. Sein Herz schmerzte jetzt von dem Schrei. Was für ein Ort der Folter würde es morgen und im nächsten Jahr und im nächsten sein.

Die Tränen waren über das Gesicht dieser Frau geregnet, aber sie hatte den Kopf geschüttelt.

Dieser Tag war nun sieben Jahre her – sieben Jahre! Der gestrige Tag liegt nicht weiter zurück. Gut gut! Er hatte nur teilweise Recht gehabt. Das Gesicht der Frau in seinem Herzen hatte er eingemauert. Den Schrei nach ihr hatte er mit den Opiaten der Gier zum Schweigen gebracht. Dennoch waren sie beide da und am Leben. Heute Nacht war die Mauer verschwunden und die Betäubungsmittel waren wirkungslos. Es war egal. Hatte sie es schließlich gut gemacht? Sie hatte makellos, rein und allein weitergelebt; und er hatte weitergelebt – bis dahin. Hatte sie es gut gemacht? Es war nicht sein Recht, diese Frage zu beantworten.

Carper stand von seinem Stuhl auf, nahm das Bild vom Kaminsims, zerschmetterte es im Gesicht und warf die Stücke ins Feuer. Es war für den Stellvertreter des Marschalls nicht nötig, über dieses Bild zu spekulieren.

Dann ging er zum Schrank und holte einen Stapel Briefe heraus, alt, gelb, mit einem verblichenen Band zusammengebunden, und wählte zufällig einen aus, setzte sich auf seinen Stuhl, um ihn durchzulesen. „Liebes Herz", hieß es am Anfang, und am Ende „Ich bin unaussprechlich einsam und ich liebe dich." Ja, er erinnerte sich gut an die Umstände, unter denen es geschrieben wurde. Dann ersetzte er es durch die anderen und legte sie alle vorsichtig auf das Feuer. Für den Marschall dürften sie keine angenehme Lektüre sein.

Er war mit zerfetztem Herzen und jedem Fetzen, der wie ein Nerv schmerzte, auf die Welt gekommen, und von diesem Tag an hatte er die schwarze Flagge der Piraterie gehisst. Unter allen Freibeutern auf der Straße war die Hand von keinem schwerer und das Gehirn von keinem schärfer gewesen als sein eigenes. Von diesem Tag an war jeder Mann, der einen Gefangenen an Deck seiner Galeone gelassen hatte, über die Planke gegangen. Bei dem Gedanken spannten sich seine Gesichtsmuskeln an.

Irgendwo im Haus schlug eine Uhr zehn. Carper stand auf und ging durch den Raum hin und her. Der Geist des erbitterten Widerstands begann zu erwachen. Er würde nicht wie ein Schwächling ausgezogen werden. Er würde kämpfen, kämpfen – aber wie? Es war aussichtslos, davon zu träumen, das Geld aufzutreiben. Dieser Plan war schon vor langer Zeit verworfen worden. Vergebliches Dampfen! Es gab keinen anderen Weg als Brutus' Weg – der Weg hinaus in die Weiten der Ewigkeit war offen! Der Ausstieg war einfach. Warum sollte er zurückbleiben? Sicherlich muss er später gehen. Jahrelang war die Welt ein guter Ort, um rauszukommen – sieben Jahre lang.

Der Mann öffnete eine Schublade unten im Bücherregal und holte eine Waffe heraus – eine alte Duellpistole seines Großvaters. Er trug die Waffe zum Tisch, wischte sie sorgfältig ab und begann, sie zu laden. Als er fertig war, ging er hinüber, um die Tür zu schließen. Auf der Schwelle lag eine der Abendzeitungen der Stadt. Carper hob es auf und brachte es mit ans Licht. Die Schlagzeilen erregten seine Aufmerksamkeit. Es war die Geschichte eines großen Banksünders, der aufgrund eines Gesetzesfehlers, auf den ein Anwalt, Randolph Mason, klug hingewiesen hatte, freigekommen war.

Er erinnerte sich an den Mann als einen bemerkenswerten juristischen Menschenfeind. Er hatte vor den Bundesgerichten von ihm gehört. Irgendwo hatte er die Adresse dieses Mannes, die er sich eines Morgens notiert hatte, als der Verwalter eines Nachlasses als gestandener Riesendieb das Bundesgericht verließ, der aber nach dem Rat dieses Mannes außerhalb der Reichweite des Gesetzes lag.

Carper durchsuchte eine der Akten auf seinem Tisch – ja, hier war die Wohnnummer. Der Mann beugte sich vor und legte seinen Arm auf den Kaminsims. Es wäre nicht schlecht, dorthin zu gehen; es war genügend Zeit vorhanden. Auf die Sache mit Stahl könnte man später zurückkommen.

Carper drehte sich plötzlich um, zog Mantel und Hut an, ging hinaus auf die Straße, schloss die Tür und verriegelte sie sorgfältig hinter sich. Dann rief er ein Taxi, gab dem Fahrer die Nummer und lehnte sich schwer gegen das Kissen zurück.

II

DAS ist der richtige Ort, Sir", sagte der Taxifahrer.

Vor ihm wurde angezündet. Die Tür stand offen. Der Wagen eines Chirurgen stand neben dem Bordstein. Er ging langsam die großen Stufen zur Tür hinauf. Es lag ein unbeschreibliches Etwas in der Luft, das Unheil anzukündigen schien; Es waren Geräusche zu hören, als würden Menschen mit einer verzweifelten Angelegenheit eilen.

Als Carper seine Hand hob, um die Glocke zu berühren, traten zwei Männer in den Schatten der Halle.

„Es ist ein schlimmer Fall von akuter Manie", sagte einer. „Ich habe ihm zwei Injektionen Morphium gegeben, und er tobt immer noch wie ein betrunkener Seemann."

Carpers Hand fiel auf seine Seite. Er drehte sich langsam um und ging die Stufen hinunter auf die Straße. Er war von den vielbeschäftigten Chirurgen nicht bemerkt worden.

Carper stieg aus. Am Bordstein blieb er einen Moment stehen und blickte die Allee auf und ab. Nun, es war Gerechtigkeit. Sieben Jahre lang hatte er die schwarze Flagge der Piraterie gehisst. Unter allen Freibeutern auf der Straße war die Hand von keinem schwerer und das Gehirn von keinem schärfer gewesen als sein eigenes. Jeder Mann, der einen Gefangenen an Deck seiner Galeone gelassen hatte, war über die Planke gegangen. Jetzt war er an der Reihe. Es war Gerechtigkeit.

Carper sprach mit dem Taxifahrer. Dann trat er ein und schloss die Tür.

Der Mann der letzten Instanz war wahrscheinlich verschwunden. Nun blieb mir nichts anderes übrig, als auf das Stahlding auf dem Tisch zurückzugreifen.

DAS ENDE.